陪你长大

一个北大女孩的
家庭成长课

邱德军　邱圆圆◎著

中国文史出版社

图书在版编目（ＣＩＰ）数据

陪你长大：一个北大女孩的家庭成长课/邱德军，
邱圆圆著 . -- 北京 : 中国文史出版社 , 2023.9
ISBN 978-7-5205-4212-8

Ⅰ.①陪… Ⅱ.①邱… ②邱… Ⅲ.①初中生—家庭
教育 Ⅳ.① G782

中国国家版本馆 CIP 数据核字 (2023) 第 137935 号

责任编辑：牛梦岳

出版发行：中国文史出版社
社　　址：北京市海淀区西八里庄路 69 号院　邮编：100142
电　　话：010-81136651 81136602 81136603（发行部）
传　　真：010-81136655
印　　装：北京温林源印刷有限公司
开　　本：32
印　　张：8.5　　字数：142 千字
版　　次：2024 年 2 月第 1 版
印　　次：2024 年 2 月第 1 次印刷
定　　价：58.00 元

目录

陪孩子一起默默努力

常听人说孩子是家长的影子，家长是孩子的第一任老师，也是终生的老师。家长努力了，孩子也会跟着努力。家长勤朴善良的样子，埋头苦干的样子，默默努力的样子，遭遇困苦磨难时坚忍不拔的样子，都有可能在不知不觉间触动孩子的心灵，在孩子脑海里留下深刻的印象，在孩子心田上埋下梦想的种子，像星星之火一样照亮孩子前行的路。这就是榜样的作用和魅力。

我自幼酷爱文学，从小就有个当诗人和作家的梦想，为了文学梦想，我常年笔耕不辍，无论工作有多忙，无论生活有多累，都会坚持写下去。我的孩子一是比较佩服我多年练就的文字功底，二是比较佩服我为了文学梦想坚持不懈的恒心和毅力。我发现当我说其他方面的话时，孩子往往听得并不是特别用心，而每当谈到文学方面的内容时，她都会乖乖地认真地听我说。我抓住机会，试着用文字跟她作进一步交流，感觉效果还不错。我记得孩子上初中的时候，寒暑假每天写一则日志，并让我给她指点一下。这给我和孩子用文字沟通交流提供了很好的机会。孩子写的一则日志只有几百字甚至几十字，也就小半页纸或寥寥几行，我给她写的评语能有一两千字，甚至能写个两三页。

写作并不是单纯的架构文字，而是一个比较严谨的思考过程，这个过程往往更为走心，比闲聊时的思考更为严谨和深刻。这就使得文字比说话更容易走进人的内心，给人的印象和情感冲击力也更为强烈。正因为这样，我平时写的跟孩子有关的文稿，都会发给她看看，虽然有时候她并没有明确地表示什么，但我想至少我的文字、我的想法、我的教育理念，在她心里多少留下了一些印迹。

我们和孩子一路走来，尝尽了苦辣酸甜。孩子在磨砺中逐渐成长、强大起来，作为家长的我，同样如此。那份漫漫求索中的等待和煎熬，那份经过不懈求索终于有所收获的发自内心的喜悦，都是沉甸甸的。其实，人生的每一分收获都来之不易，收获就像成熟的谷子，颗粒越饱满，内心越充实，头垂得越低。

　　女儿出生于 1998 年下半年，当时我们家庭条件不是很好，正赶上房改，我和爱人刚结婚，手里没积蓄，花三万多元买了套房子，其中有一多半是东拼西凑借来的。交完购房款，我们手里连基本的生活费都没了着落，有一个多月简直就是胡乱凑合着熬过来的，一个鸡蛋也没买，一两猪肉也没割。当时爱人正怀着孕，没正式工作，我工资也不多。为了维持生计、偿还购房借款，爱人起早贪黑摆摊卖早点贴补家用。她一个人忙不过来，我就在白天不耽误上班的情况下尽量帮她。父母年迈，身体又不好，没有帮我们带孩子。孩子只能由我们两口子亲自来带。

　　半夜，等孩子睡熟后，我和爱人把孩子一个人锁在家里，摸黑到街上摆摊做早点忙生意。有好多次，孩子半夜醒来发现家里没人，吓得哇哇大哭，大冬天的，也不知道穿件衣服，就那么光溜溜地跑到阳台上，身子冻得通红通红的。她人小个子矮够不着窗沿，就搬个小板凳，踩着爬上去，两手扒着窗沿，眼巴巴地看向爱人摆摊的方向，一边哭一边喊爸爸妈妈。有一次她半夜趴阳台上哭着喊救命，被一位巡逻的保安听到，赶紧去喊我们。我只好撂下活儿跑回家，给孩子穿好衣服，把她带到摆摊的地方，让孩子拿个小马扎坐在一边看我们忙活。爱人忙生意顾不上孩子，有次孩子的棉袄（孩子奶奶亲手给她做的那种从背后系扣的小棉袄）扣子掉了好几个，眼看就要穿不住，我爱人忙得没空儿帮孩子缝扣子，随手找了根细铁丝，把扣眼串起来固定好。我看了心疼得直掉眼泪，埋怨爱人说："哪有你这样当妈的，就是后妈也没有这样干的！"

孩子小时候，我和爱人亏欠她的确实很多，自小到大从未给她买过奶粉，她出生第二天吃不到奶水，我们竟冒冒失失地用清水泡饼干喂她。懂事后的她，很体谅当时爸妈的不易，从来没有报怨过我们。我记得女儿上小学一二年级的时候，有天我打扫卫生，无意中在她床头柜旁边一块并不十分显眼的墙面上，发现她用铅笔歪歪扭扭写的一行字，内容是："妈妈太辛苦了，我要好好学习，长大了报答妈妈。"我当时以为孩子只是一时兴起写着玩儿，并没有放在心上，过后许多年也没有问过她这事。直到她确定保送北大，一家人在一起吃饭时，我才突然想起这事来。原来幼小的孩子，早就在心里埋下了梦想的种子。虽然她从来没有跟我们提起过这事，但她一直在朝着这个目标默默地努力。记得孩子上幼儿园的时候，我曾问她："你最大的愿望和梦想是什么？"她说最大的愿望和梦想是把家搬进超市里住，守着一大堆好吃的、好玩的，想吃什么吃什么，想怎么玩就怎么玩。上了小学后，她的愿望和梦想却发生了明显的变化，也许是受家庭环境和爸妈的影响，她变得懂事了，懂得体贴别人了。这让我们感到非常欣慰。

有首歌唱得好，"不经历风雨哪能见彩虹，没有哪个人能随随便便成功"。说实话，我的孩子小时候吃过不少苦，在成长的过程中，也经受过不少挫折，曾经有过很多失落、很多困惑，也曾有过迷茫，有过实在坚持不下去而忍不住大哭的时候。有段时间，女儿因修双学位课程很多，压力很大，跟我和她妈诉苦，说时间总是不够用，她身边的同学也经常发出这样的感叹：为什么一天只有 24 小时，而不是 36 小时，或 48 小时。我记得大三下学期女儿面对出国深造还是留在国内就读的选择时，心里非常纠结，在跟我们视频聊天时，她眼里闪着泪花儿，眼看眼泪就要控制不住。

孩子遇到坎儿，说自己很累很难、大吐苦水、大发牢骚的时候，我们从来没有报怨过她，而是耐心地听她倾诉，千方百计地安慰她、开导她，包容和接受她的不足、不完美、缺点和失败，然后尽力帮她解疑释惑，加油鼓劲。我告诉孩子：人没有十全十美的，没有最美，只有更美，没有最好，只有更好，只要努力了，只要尝试了，即使没有取得理想的结果，也不要太放在心上，知道自己哪些方面还不行，以后继续努力就行了。我不止一次叮嘱孩子，不论在什么情况下，都不能以透支身体、牺牲健康为代价换取一时的成绩。成绩固然重要，梦想固然美好，但平安健康也不容忽视，只有平平安安、健健康康，你才能好好地学习，才能有后劲去努力，去一步步实现目标，没有了平安健康，一切都无从谈起。

我不止一次叮嘱孩子，父母永远是你最坚强的后盾，遇到困难别怕，不要轻易说放弃，应该大胆地去尝试，你尝试了不一定能成功，但是你不尝试连成功的机会都没有。有时候，你努力了不一定有收获，但不努力连收获的影子都看不到。你大可不必为未知的结果而焦心劳神，看准了目标，只需低下头，弓下腰，沉下心，默默地去努力就行了，其他的，交给老天爷吧。既然你选择了希望，选择了梦想，就不要怕失败、坎坷和挫折，更不要轻言放弃。既然你心怀鸿鹄之志，就不必在乎耳旁家雀的叽叽喳喳、闲言碎语，如果天上真的能降红运，那红运也会降临到始终心怀梦想、经常仰望星空、时刻准备着的人的头上。相信只要你坚持不懈地努力，梦想就会向你敞开怀抱。

我不止一次叮嘱孩子，消极情绪是好心态的绊脚石，一旦遇见它，就大胆地把它踢开。人的脑海中常存在两个我，一个是积极的我，一个是消极的我，聪明人会用积极的我不断地劝服、压制消极的我，这就是所谓的自我调适、自我强大。一个人的强大首先是心理上的强大。人需要时刻保持两颗红心：成功后的平常心，失利后的进取心。没有这两颗红心，成功后就容易骄傲，失利后就容易消沉。只有输得起，你才能赢得起。要有意识地培养自己吃苦和经受挫折的能力，做到"胜不骄，败不馁"。要懂得，失败并不是件坏事，从中你可以及时发现自己的不足，以后再遇到同样的失败时心里就有了准备，知道怎样做才更好。应该感谢失败，正因为有失败的磨砺，人才会逐渐变得坚强、强大。

我很庆幸，给予孩子的大多是积极的教导和正能量。如要问我对孩子成长最大的影响是什么，我认为可以用四个字来概括：恒心、毅力。为了教好孩子，我常年坚持写育儿故事、育儿心得。女儿的博导老师曾问她选择了科研这条路，能不能坚持下去。女儿毫不犹豫地回答说，她从小就受到了爸爸的影响，在这方面得到了爸爸的培养，她自信有这份恒心和毅力。一时的成功不代表一世的成功，一时的失败也不代表一生的失败，孩子人生的路还很长，还有很多苦辣酸甜等着她去品尝，还要面对各种各样的困难和挑战，还要经受很多的挫折、失败，甚至是磨难，有了这份执着逐梦的上进心，有了这份不畏艰难的恒心和毅力，我坚信，孩子的明天一定更美、更好。

邱德军

2023 年 4 月于潍坊

第一章

有目标，更要会行动

1. "寒号鸟"的启示

圆圆日记

> 时间过得真快，7月份一眨眼就过去了。(==b)
> 放假两个月，一半的时间就这样流逝了，每次感受到
> 时间流逝之快，我总会惊讶地发现，呀，作业才写了
> 那么一点点(@_@)！好在该预习的物理课程已经学
> 完了，接下来的一个月我得抓紧写作业！（急啊……）

爸爸的寄语

　　写日志，尽量少用晦涩难懂的表情符号。写日志不是"涂鸦"，还是规范一点儿好。你一会儿嫌玩耍时间太少，一会儿又感叹时光流逝之快，抓紧做作业才是正事儿。一个月的时间眨眼就过去了，为什么作业只做了一点点？是不是还可以多做一点、多学一点？进入八月份，你是否还会有这样的感叹，感叹时光流逝之快，感叹之后依旧我行我素，仍像往常一样贪玩、散漫？

看了你今天写的日志，我不由得想起关于"寒号鸟"的寓言故事。寒号鸟十分怕冷，晚上冷得受不了，惨叫着发誓第二天就做窝：哆啰啰，哆啰啰，寒风冻死我，明天就做窝。等第二天太阳出来天气暖和了，它又忘了严寒的滋味，只顾睡大觉享受，把做窝的事抛之脑后。就这样得过且过，反反复复好多次，最终也没把窝做成，生生地把自己给冻死了。想想你现在的样子，是不是有点像寒号鸟？你说每次感受到时间流逝之快，都会惊讶地发现作业只做了一点点。这说明你不止一次有这样的感慨，不止一次提醒和要求自己，要珍惜时间，抓紧完成作业，但感慨之后，是不是又一切如初了？因为贪玩，是不是又把该抓紧做的事抛之脑后？这与"寒号鸟"做窝的过程，是不是非常相似？是不是值得你好好反思？

寒号鸟不是不明白做窝的紧迫性，只是懒得将想法付诸行动，只想着快活一时是一时，通俗地说就是"顾头不顾腚"。因为贪图眼前的安逸享乐，寒号鸟把本该用来做窝的大好时光白白浪费掉，把构筑温暖安全巢穴，从而使自己摆脱险境的大好机会白白丢掉，最终将自己推向绝境。寒号鸟的悲剧给我们的启示是：仅有正确想法还不够，还需坚定不移地把它付诸实践，否则想法再正确、梦想再美好，也只是画饼充饥，解决不了实际问题，满足不了实际需要；时光很宝贵，浪费了，就永远找不回来了；要时刻保持清醒头脑，经得住各种诱惑，避免因为贪图安逸享乐而陷入迷途；要有长远眼光，不能只顾眼前，要知道哪些事必须抓紧做，不然有可能带来严重后果，那就设法抓紧完成它，不可再三拖延，得过且过；一旦看准、认准正确目标，那就义无反顾地去求索，不可三心二意，也不要心存侥幸，要知道"天上不会掉馅饼"。

实际上，珍惜好时光，把握住机会，把该做的事情及时完成，也是在创造快乐，也是在为赢取更多快乐打基础。而"晒太阳睡大觉"，快活一时是一时，只会让人感到暂时放松，有时非但不能让人感受到那种自信、自豪、向上的精神愉悦，反而带给人一种无聊、空虚的感觉。充实是快乐的源泉之一。人内心要是充实了，精神就会愉悦。无聊、空虚，只会让人扫兴甚或沮丧。内在的充实要以外在的充实为依托、为基础，没有外在的充实，很难构建内在的充实。寒号鸟及时做窝，就是一种快乐事，因为这样可以让它夜里睡得更安稳、更舒坦，让它更自在、更安全地活着，同时，还可以使它心里更充实、更踏实。同样，你珍惜时光，及时完成作业、计划，也是一种快乐事，因为只有这样才会让你感到充实不空虚，少些因浪费时光而导致的失落感，少些对时光流逝无谓的惋惜和慨叹。

2. 眼中要有光，脚下要有力

这几天我的好朋友去参加某名牌大学附中招生选拔考试，如果她通过选拔考试，就相当于敲开了半扇名牌大学的大门，真心希望她能考上。明年这个时候，我也想去考一下试试，不论考得上还是考不上，能有机会锻炼一下也是很不错的。

下午我睡了一觉，起来感觉腰酸背疼，我想肯定是这几天缺乏锻炼、筋骨没有舒展开的缘故。这个暑假我有一项重要任务——锻炼身体。期末考试，我的文化课和综合素质课成绩都是"A"，只有体育是"B"。虽然这一学期我已开始重视体育，并加强了锻炼，但我深知，这还远远不够，要想在体育考试中取得优异成绩，我还需付出更多更大的努力。说实话，体育一直是令我头疼的一门学科，学它不如学其他学科费脑子，却比其他学科费体力，需要用勤奋克服懒惰，需要付出实实在在的汗水。我得"勤"起来，得空多出去走走，这不仅仅是为了应考，也是为了有个好身体！

• • •

爸爸的寄语

　　好朋友参加某名牌大学附中招生选拔考试，不论最终结果如何，都堪称一次勇气可嘉的大胆尝试。想报考该校的同学很多，真正付诸行动的却很少，你好朋友勇敢地跨出了这一步，实为难能可贵。心中有目标、追求和梦想还不够，还需俯下身子，采取具体的行动，为实现美好梦想大胆地去尝试，不懈地去努力。往往经过了尝试你才会发现，自己的潜力原来并不小，看起来遥不可及的目标，并没有想象中那样难以达到，他人能做到的事情你同样能做到。通过大胆尝试，你可以磨炼自己的毅力，及时检讨自身的不足，不断地完善自己，使自己逐渐变得成熟和强大起来。当然，尝试也是需要讲究章法的，我们鼓励大胆而稳妥的尝试，不提倡像无头苍蝇一样胡碰乱撞式的尝试。连目标都看不清，连方向都辨不明，这样的尝试大都徒劳无益，很难有所突破。

　　但凡有益的尝试，不会不讲求策略和方法，不会随意盲目进行。尝试之前，要有所规划、有所准备，对行动的可行性认真研判，对可能遇到的不利情况有所预测，做到心里有底、眼里有光、脚下有力。"不打无准备之仗"说的就是这个道理。你说的那所中学远在外省，假如你来年报考并有幸被录取，你将远赴外地求学。远离家乡，远离父母、亲人、好友，到一个完全陌生的环境里学习生活，即便有学校老师悉心照顾，也难免出现"水土不服"、长时间难以适应的情况。对心智还不是很成熟、生活经验还不是很丰富、还需要继续磨砺和成长的你来说，突然缺少了爸妈的陪伴，突然离开了熟悉的生活环境，学习又那么紧张，升学压力又那么大，遇到困难挫折你可能会感到茫然无助、无所适从。建议你在做决定之前，征求下班主任老师的意见和建议，结合自己的能力和实际情况，谨慎地做出选择。

你说得没错，锻炼身体不仅是为了在体育考试中取得好成绩，也是为了强健体魄，为了有个好身体。好身体不是一朝一夕能练成的，需要长期坚持锻炼。你深知加强体育锻炼、强健体魄的重要性，也知道具体该怎么做，但想得到、说得到是一回事，能不能做到又是一回事。胸脯拍得山响，口号喊得震天，做不到也是白搭。有的人往往深谙事理，胸有大略，却懒得行动，懒得将好的想法付诸实践。用一个词语来形容就是"眼高手低"。其之所以"眼高手低"，我认为不外乎两个原因，一个是懒惰，一个是怕苦怕累。两者互相影响、互为因果，有其一必有其二，懒惰的人必定怕苦怕累，怕苦怕累的人必定懒惰。这样的人有个很明显的缺点：信念不坚定，自我约束力差。没有坚定的信念，就缺少精神动力，就很难在实际行动中切实提高自我约束力。你身上也不同程度地存在这种不足。建议你把"坚持锻炼"的话当作座右铭写下来贴在案头，以不时地提醒、告诫、督促自己。

3. 别误读"今天事今天做"

圆圆日记

这几天明显比前些天凉快，上午被同学喊出去，转悠了大半天才回家。回到家我就睡觉了。睡了一觉起来，感觉身上有些酸痛，像被人狠狠地打了一顿似的。也许是不经常做运动的缘故，突然在外面跑了大半天，感觉身体有些吃不消。身体健康很重要，以后我得多活动，多锻炼，这样才能有个好身体。有了好身体，才有精神头学习和干其他事。

突然想起我还有学习任务没有完成，虽然很累，但我还是坚持学到深夜，直到把任务完成才睡觉。今天的事情今天做，不能拖到明天，因为明天还有新的任务等着我。哇，我竟然说出这么有哲理的话，感觉自己好"励志"啊。

爸爸的寄语

锻炼身体需要长期坚持，而且是个循序渐进的过程，想一天两天就能把身体锻炼好是不现实的。长时间不运动，突然增大活动量，身体会不适应，吃不消。这样非但起不到强健体魄的作用，反而很容易导致肌肉拉伤，对身体造成伤害。锻炼身体是个慢活、细活、良心活，既偷不得懒，也耍不得滑，你好好锻炼身体，好好对待身体，身体也会好好对待你，好好回报你，让你"身体倍棒，吃嘛嘛香，干嘛嘛强"。要不然，它就会出现各种不适，扯你的后腿，找你的麻烦，让你打不起精神，提不起劲头。

要想有个好身体，除了坚持锻炼，还需确保睡眠充足。锻炼不当会对身体造成伤害，熬夜同样会对身体造成伤害，而且往往伤害程度更大。睡眠不足，身体各功能器官得不到及时有效的休息、调理、修复，会出现各种症状，如内分泌紊乱、细胞代谢异常、消化功能紊乱、免疫力下降、记忆力下降、精神不振、焦虑抑郁等。其危害既多又大，还深远，很多人却视而不见，一点儿也不在乎它。通过切身体验，你意识到锻炼好身体很重要，却不曾想到熬夜、睡眠不足竟然会对身体造成这么多、这么大的伤害。

你说"今天的事情今天做，不能拖到明天"，这话乍一听没"毛病"，仔细想想却不尽然，除非特别需要，否则你没必要以熬夜伤害身体为代价，硬要做完今天计划好的事，那样做是得不偿失的。其实，只要你安排得当，利用好时间，完全能做到既锻炼好身体，又按时完成当天的学习任务，还能按时休息，做到锻炼、学习、休息三不误。初三学习紧张，学习任务重，需要你付出的体力、脑力都很大。你每天抽时间锻炼一下，既可以保持身体健康，还可以放松心情、缓解压力。而不熬夜、保持睡眠充足，不仅有益身体健康，还能让你保持良好的精神头，切实提高学习效率。

现在，像你一样误读"今天事今天做"的人不在少数。他们把"今天事今天做"当作励志警句，奉为座右铭，却没有领会它的真正内涵。今天事今天做，并不意味着"今天事非要今天做"，如果坚持认为"今天事必须今天做"，没有第二选项，那就是犯了"本本主义"错误。"今天事今天做"，字面意思是今天的事要今天做，别等到明天；实际是在提醒我们做事不要拖拉，时间非常有限、非常宝贵，一定要多加珍惜。"今天事今天做"所宣扬的是一种珍惜时间、认真做事的精神，是一种善意的提醒和告诫，并不是要人不顾客观条件、不顾实际情况、生搬硬套地照着字面意思去做。

今天事今天做，还要看这事能不能做、值不值得做。如果事情难度很大，如果条件不允许，如果时间不够用，如果你还不够强大、还没有足够能力完成它，或者虽然能完成它，但要付出相当大的代价，付出的代价远超事情的意义和价值，那就没必要非得今天去完成它。就像你熬夜完成今天的作业，搞得自己身心疲惫，明天就很难打起精神、集中起精力，较好地完成明天的任务。所以，当经过努力，"今天事"实在没法"今天做"时，不妨试着变更一下计划，适当调整完成任务的时间。这样做的目的是既能尽快完成既定任务，又能尽量保证完成任务的质量；既能尽快把事情做完，又能尽量把事情做圆满。

现在有些家长也不太明白这话的真正含义，整天把这话挂在嘴边上，要求孩子今天该做的作业必须今天做完，做不完就不能睡觉。为了督促孩子完成当天的作业，有的家长甚至威慑恐吓孩子，告诉孩子如果完不成作业就会有多不好，就会带来怎样的不良后果，就会遭到怎样的惩罚，等等。本想以此督促孩子完成作业，结果却无端增加了孩子的心理压力和心理负担，让孩子变得十分慌张和恐惧。

孩子心里没了底，没了信心，本该能很快、轻松完成的作业，也变得万分沉重、难以完成。有的家长索性坐孩子身边，眼巴巴地盯着孩子做作业，陪孩子一起熬夜，结果把孩子熬得迷迷瞪瞪，自己也累得头晕眼花。

有些老师（尤其是中小学低年级的老师）也不太明白这话的真正含义，或虽然明白却故意拿它当幌子说事，其当天布置的作业，不管重不重要，都要求学生必须当天完成，没有商量的余地。学生做不完当天的作业，也不问青红皂白，就批评惩戒学生，就打电话通知学生家长，拿学生的学业前途来说事，说学生做作业有多重要，做不好将会带来怎样的后果，等等。事情被这样一夸大，家长也意识到问题的严重性，开始变着法儿"教育"孩子、"折腾"孩子。实际上，老师完全可以采取更好更妥当的方式来督促学生完成作业，学生完不成作业有各种各样的原因，老师一句宽慰、鼓励的话，往往比批评、惩戒更见效果。

上面我们分析了"今天事今天做"的内涵要义和误读它、误用它可能带来的不良后果，你看了可能会产生这样的疑问：你说"今天事不一定非要今天做"，那是不是说今天事可以拖到明天做啊？当然不能拖。我们说"今天事不一定非要今天做"，并不是说今天能完成、能做好的事情，非要拖到明天做。这种认识是很片面的，跟把"今天事今天做"理解为"今天事必须今天做"一样，也是一种误读。

4. 三思而后学，三思而后行

圆圆日记

昨天我做完数学作业，现在所有"大块头"的作业都已被我解决掉，只剩下一些零零散散的作业。我打算用接下来的一周，完成英语课本单词的背诵，每天背诵两三个模块单词对我来说是小意思。政治、历史卷子，大概用一天时间就能完成，但是我手头的"8K"纸用完了，得改天出门把纸买回来才能做。还有综合实践活动的很多内容，因组员这周很难凑到一起，只能等到下周再议。我今天用电脑把老师要我们设计的英语表格制作出来，并填好内容。今天的任务基本完成，明天的任务比今天还要艰巨。

・・・

爸爸的寄语

你能有计划地安排学习时间，要求自己每天按时完成任务，很好。但这还不够，还需要讲求计划的科学性和合理性，既要按时完成作业，也要注重所完成作业的质量。我曾多次提醒你，有些科目，如英语学科，它是一门需要掌握大量词汇、应用性很强的语言类学科，不适宜在短时间内集中、突击学习，而是需要日积月累地学，需要反复记忆单词，反复练习语法，反复强化语感，建议你每天拿出一定的时间，比如十分钟或半小时，来读一点儿英语课文、文章，看一点儿英文书、英文剧，背一点儿单词、典型语句、名篇，记一点儿单词、语句、语法，听一会儿英文磁带，练一会儿口语对话、单词造句、英语作文。你打算用一周时间完成英语课本单词的背诵，即每天完成三个模块单词的背诵，这种集中时间学习的方式显然是不太合适的，估计很难达到预期的学习效果。

最近看你写的日志，内容大都与做作业有关，是不是每天除了怎么做作业，就没的可写了呢？不是的。仔细看看，仔细想想，你会发现，其实还有好多可写的内容，比如今天心情如何、有什么感想等，都可以记下来。不仅可以记叙每天发生的趣事，梳理当天的收获与缺失，还可以表达心情，抒发感想，憧憬未来，通过记录心路历程，在不断的反思、顿悟中汲取继续努力的动力。我看你假期语文作业少，写日志不失为温习、巩固语文所学知识、提高作文水平的一个很好的途径，应该认真对待它。同样，你试着用英文写日志，也能起到温习和巩固英语所学知识、提高英语水平的效果。写英语日志，虽不是老师布置的作业，也不在你的暑期学习计划中，但对你学习英语是大有好处、大有帮助的，你有时间不妨一试。

你说昨天做完数学作业后，所有"大块头"的作业都已被你解决掉，只剩下一些零零散散的作业待完成。你用"解决掉"来形容完成作业任务，足以看出你做作业和完成作业的复杂心情，好像你对作业很反感、很头疼，又不得不做，完成作业就等于了却一块心病，就等于甩掉一个大包袱。这样看待、对待作业显然是欠妥当的。把作业当成压力、当成包袱，总想着怎么样才能尽快摆脱它、甩掉它，抱着这样的心理和动机做作业，完成作业的质量能好吗？你暑假学习看似很有计划性、条理性，每天都有计划好的任务需要完成，但如果都以甩包袱的态度来完成既定计划和任务的话，那计划和任务就失去了其应有的意义。像你一样只求作业数量不求作业质量的同学可能还有不少。你不妨试着问一下自己，反思一下：作业做了一大堆，该完成的作业都完成了，但我真正学到了什么，又收获了什么？这样仔细一寻思，也许你会发现，做了那么多作业，完成了那么多任务，但收获却很少，或者当初制订计划任务时，根本就没想要得到什么、要收获什么。忙活了这么多天，竟然没好好想想，制订计划和任务的真正目的是什么，完成计划和任务的意义又是什么，岂不是可惜可叹？

不明白做作业的目的和意义，怎么能做好作业呢？不明白学习计划和任务的目的和意义，怎么能完成好计划和任务呢？不明白学习的目的和意义，又怎么能把学习搞好呢？怀着不同的心理和动机学习、做作业、完成学习计划和任务，结果会大不相同。只有明确学习的目的和意义，以良好的心态和动机去学习，才能收到更好的学习效果，达到预期的学习目的。学习是为了什么，做作业是为了什么，完成学习计划和任务又是为了什么？是为了温习巩固已学知识，是为了查找和改进学习中的不足，是为了预习好新课程、新内容，为接下来上初三更好地学习打好基础。往大了说，往远了说，则是为了丰富自己、提高自己、壮大自己，为了将来更好地实现人生价值和梦想。做作业，完成学习和任务，都需要以学习知识、掌握知识为目的，以学以致用为目的。如果仅是为了走过场、甩包袱，那结果肯定好不到哪里去。有的同学糊里糊涂写了一大堆作业，到头来却一头雾水，不知道自己到底得到了什么、收获了什么，就是因为没搞明白做作业的目的，没有摆正做作业的动机。

由于暑假时间比较长，老师布置的作业量汇集起来会很大，开学后大家马上投入新学期紧张的学习，老师可能抽不出足够的时间和精力来仔细检查学生的暑期作业，甚至连看一眼的工夫都没有。这给一些同学投机取巧、敷衍了事提供了机会。学生暑期学习缺少老师的督导，学习过程和学习成果的好坏主要靠学生自己来拿捏和把握。暑假作业能不能做好，关键看学生是不是自觉，能不能用心做。你可能也抱有应付的念头。建议你做作业之前，先搞明白做作业的目的和意义是什么。对于已熟知的作业内容，可适当从简，对于还没学扎实、还没掌握牢固的作业内容，则需要用心做，不能做得太马虎、太草率。可以把每天的计划、任务定得更生动有趣一些。可以试着做一些新鲜的尝试，比如用英语写日志，或者先用汉语写一遍，再试着把它翻译成英语。这种富有挑战性的计划和任务，往往能激发人的好奇心和上进心。当你觉得计划和任务不合理、难以按时完成时，不妨试着变更或变通一下，看有没有更好的途径和方法，来更快更好地完成它。做其他事情也是一样，也需要先厘清思路，三思而后行。不明白做事的目的和意义，就缺少干事的动力和激情，反之则会充分调动你的积极性，充分发掘、发挥你的潜力潜能，我们不仅要把事做完，而且要把事做精、做好。

5. 走近大海，眼界大开

圆圆日记

今天妈妈歇班，我们一家人和舅舅一家人相约去免费开放的潍坊滨海浴场游泳。好久没看到大海了，今天看到大海的第一感觉就是"啊，海好大啊，海水好咸啊"。

我们换好泳衣，下到水里，刚开始我和妹妹都有些放不开手脚，但没过一会儿，我们就玩"high"了，妹妹戴着泳圈瞎扑腾，而我呢，虽然学过游泳，自认为泳技还可以，可到了海里，我的三脚猫功夫就显得有点儿力不从心了，以前学的泳技一时都无法施展开来。与大海相比，游泳池真是"小巫见到大巫"了。

今天我们在海水浴场玩了一天，邻近傍晚我和妹妹仍不舍得从海水里爬出来，最后被爸妈硬拽了出来。泡在海水里没感到热，从海水里出来才猛然发现天气依然那么闷热，我们一早来的时候，天还下着小雨，这会儿却晴朗得很，经过太阳无遮无拦的炙烤，感觉空气都是热腾腾的。

• • •

爸爸的寄语

你今天的日志，主要写了一家人去滨海浴场游泳的情况。由于受经济条件所限，爸妈没有能力像别的家长一样送你去国外游学，也没有让你报名参加名目繁多的夏令营，今天带你去海水浴场游泳，就是想尽量满足你外出玩耍的愿望。这样的户外游乐活动很有意义，你可以从中获取很多乐趣，了解很多从书本上很难体验到的鲜活常识。仔细想一想，你今天收获的东西远比你描述的多。你除了尝到了海水的咸涩，是否也感受和体验到了它的浩大深邃？人在大海面前，显得很渺小，但人不怕它，经过一代又一代人前赴后继的尝试和努力，最终还是征服了它，人们造出了船，造出了舰艇，造出了游轮，造出了潜水器，乘坐这些海上交通工具，人们可以在海中乘风破浪，自由驰骋。这种心怀高远、不懈求索、不畏艰难、永不服输的精神，不正是我们应该学习的吗？不正是我们克服艰难困苦，追求幸福美好生活，应该具有的精神吗？！

你说，你原以为自己泳技还可以，可到了海里，你那三脚猫功夫就显得有点力不从心了，以前学的功夫一时都无法施展开来，大海和游泳池是无法比拟的。不走近大海，不知道海的博大深邃；不呛几口海水，不知道它的咸涩味道。泡在海水里没感觉到热，离开海水才感觉天气依然那么闷热。真是不体验不知道，一体验吓一跳。第一次去海水浴场泡海水澡，一切都是那么新鲜、那么新奇，跟我们之前想象的大不一样，跟在泳池里、河水里游泳完全是两种感觉。一望无际、汹涌澎湃的大海，远没有我们想象的那么好驾驭。走近大海，才发现自己是多么渺小。大海像一位饱经沧桑的老人，默默地向我们警示：世界无穷尽，知识无穷尽，技能无穷尽，任何时候都要保持谦虚谨慎的态度，千万不要骄傲自满，否则就有可能碰壁吃苦头。这跟你们学习的过程何其相似！

有人把知识比作海洋，这样比喻非常贴切，道出了知识像海洋一样博大深邃，没有尽头。正因如此，我们在学习和掌握它时就不能轻易止步、轻易满足，千万不要以为学习掌握了一点知识，就能驾驭整个知识的海洋。我们只能通过刻苦努力掌握越来越多的知识，练就越来越强的本领，但无法将知识学尽，无法将本领练尽。这个道理很简单，却常被我们所忽视，往往等我们有了切身体验，尝到了苦头，才猛然醒悟。有的同学正是没有悟透、重视、用好这个道理，在学习上取得一点成绩就骄傲自满，以为自己已经学得很好，不用再用劲学、用心学，把父母和老师的提醒当耳旁风，把学习掌握更多知识、练就更大更强本领的大好时光白白浪费掉。这样的同学往往考试前信心满满，直到考完试才猛然发现自己水平远没有想象的那么高，成绩远没有预想的那么好，而且比别人还差不少。考不好、成绩差，说明平时学得还不够多、不够深、不够用心、不够扎实。

有些看似很简单的道理，我们只有通过切身体验才能领悟；有些看似很简单的知识，我们同样只有通过切身体验和实践，才能掌握。这就要求我们不能只求简单知道、明白道理就万事大吉，要真正悟透道理的深刻内涵并应用好它，还需要我们放下架子，俯下身子，老老实实、认认真真地去体验，去实践。老师教授我们的知识，大都是很抽象的，要想深入领会，还需要我们利用一切可能的机会，通过切身体验和实践来领悟和掌握。通过切身体验和实践，我们不仅可以深入领会掌握已学知识，还可以找出已学知识存在的错漏和缺憾，发现更多更新的奥秘，学到更多更新的知识。这样的道理还有不少。譬如，不当家不知道柴米油盐贵，不养儿不知父母恩，不种地不知农民苦，不抛洒汗水不知劳动成果来之不易，等等。

　　一些父母没少对孩子唠叨，没少对孩子诉苦，说自己上班工作有多辛苦，养家糊口有多不容易，以此来激励孩子好好学习，好好孝顺父母。父母说得再多，说得再动情，孩子未必能听到心里去，未必能记到心里去。为什么会这样？就是因为孩子缺乏亲身体验和切身感受，对空洞的说教和抽象的道理不理解、不接受。所以父母教导孩子不能光讲大道理，应该积极寻找机会和创造机会，尽可能地让孩子通过亲身体验、切身感受来领悟道理的内涵，只有这样，孩子才会心甘情愿照爸妈教导的去做。老话说得好，"百闻不如一见，百见不如一干"，听得再多，看得再多，不如自己亲自动手干一次。唾沫星儿乱飞、信誓旦旦地说上一百遍，不如俯下身子做上一遍。我记得有一年春节前你帮我大扫除，我负责清扫地面，你负责用抹布擦拭地面。你干得非常卖力，擦拭过的地面未干之前，你眼巴巴地守着，不让家人随便走动，就像农民怜惜自己亲手种的庄稼、守护亲

手收获的粮食一样。以前你妈打扫卫生的时候，却没见你
这样。你之所以突然有了改变，就是因为你通过亲身体验，
终于深切感受到了做家务的辛苦，终于知道了劳动果实来
之不易，应该倍加珍惜。

第二章

自主学习，很重要

1. "跟风报班" 为哪般

圆圆日记

　　今天是个好日子，因为贺同学和臧同学，也就是我两位好朋友的生日都在今天。我们几个好朋友一起去商场美食店给她们庆祝生日。其间我还碰见了和我关系很好的小学同学，我真的很想念她。

　　上午我提前赶去商场，在京广书城里看书，在肯德基店里写作业。一直等到中午，"小寿星们"才来。人凑齐后，大家一起去吃饭。等吃完饭，我突然发现英语上课时间已到，我急着要走，同学们不让，可把我给难为坏了。后来，另一位同学赶来，喊我一起去了我们学英语的地方，我们打算一起学物理、化学，去那儿跟辅导老师谈了谈，把课程定了下来。

　　回家征求爸妈意见，爸妈建议我自学，说自学更好。我虽然也同意他们的观点，但碍于面子，拿不定主意，因为我已经跟辅导老师联系好，我另两个同学也都同意报班，马上就要上课学习，我怎么能反悔呢？

我心里很纠结，不知道该怎么办才好。

• • • •

爸爸的寄语

　　暑假期间，几个同学难得凑到一起。为了给同学庆贺生日，你提前赶去商场，在书城看书，在肯德基店里写作业。你学习的积极性和热情很高，趁等同学的空儿看书写作业，不愿白白浪费时光，值得称赞。希望你把这种好习惯坚持下去，珍惜和用好每一次学习机会，而不是三天打鱼两天晒网，热乎劲儿一过，又疯玩起来。今天你们聚会是为了给两位同学祝贺生日，在共同品尝美食、共享美好时光的同时，送上各自美好的祝福，祝福之余，再憧憬一下美好的未来，说说各自的梦想和接下来的打算，最后再来个合影留念，定格美好瞬间。这样过生日更富有意义，更让人难忘。既让过生日的同学感到快乐，也让陪过生日的同学感到快乐。家长们大都赞成鼓励孩子和同学、好朋友一起庆生，就因为你们有共同语言，能聊到一块儿，且能感同身受，互相激励。

　　说完过生日的话题，再说说你报辅导班的事。你和同班的几个同学一起报班，算是明智的选择，有熟悉的同学做伴，少了些许生疏感，你上课心情会更放松，和同学沟通交流、研讨起问题来也更方便。但要注意一点，不能盲目跟风，不能看别的同学报，你也抢着报，得根据自己的实际情况和需要，谨慎地做出选择。和熟悉的同学一起报班上课，是为了更好地学习，而不是为了一起玩耍。暑假辅导班往往时间都很短，上课节奏快，课程进度快，老师往往讲不细讲不透，没法将知识面拓展开，你也学不细、学不透、学不深。因预习时间、练习时间、温习时间都有限，很容易陷入学习误区。与其蜻蜓点水、走马观花、囫囵吞枣地学习一本书，还不如扎扎实实上好一节课。这是爸妈不愿让你报辅导班的主要原因。

　　因家里缺少学习氛围，缺乏自律性的孩子会变得非常懒散，控制不住地玩耍，将大把大把的宝贵时间白白浪费掉。为了逼孩子多学一点，有些家长千方百计把孩子哄出家门，不惜花重金给孩子报这样那样的辅导班，却很少顾及孩子的感受，很少考虑孩子到底能学到多少有用的东西。爸妈建议你在家自学，就是为了培养你的自律性，培养你独立思考和认真钻研的好习惯，避免因盲目上辅导课而陷入学习误区，养成浮皮潦草、不求甚解的学习习惯。学习不能急，不能片面求大求快求全，得一步一个脚印地学，扎扎实实地学。今天你已经和辅导班老师谈好，把课程敲定下来，爸妈不会强求你违约，只是希望你珍惜学习机会，认认真真把每一节课上好，要多预习、多练习、多温习、多钻研，力争学习一课就掌握一课。

2. 自己学着找"食儿"

圆圆日记

今天上午打电话给竹同学和车同学，她们两个人八月份都有安排，这就意味着我将不能如爸妈所愿，和熟悉的同学一起上辅导课。还有很多事没有确定下来，但也没啥好担心的，船到桥头自然直，顺其自然就好了。

现在我报了物理、化学辅导班，理科（数、理、化）只剩数学没有报班。今天我刚好借到了数学新书，我决定从今天起自学数学新课。我打算在下个学期主攻一下数、理、化，我好像不是很擅长学理科，但我觉得理科比文科有趣。与文科不同的是，理科需要背诵的内容少，知识逻辑性强，更具有挑战性，我喜欢这种挑战。我坚信一定能学好它。

爸爸的寄语

我在前面跟你说过，和熟悉的同学一起上辅导课，有许多便利之处，因少了些许生疏感，你们之间沟通交流、提醒督促、研讨起问题来更顺畅，但这并不意味着没有熟悉的同学做伴就上不好课。没有老同学，还有新同学，相信你很快就能和新同学熟悉起来，很快就能融入浓浓的学习氛围中。每个同学的学习情况不一样，对上辅导课的需求也不一样。你自己要有主见，根据自己的实际情况，谨慎地做出选择，不要看到别的同学报辅导班，就不管三七二十一地跟风抢着报。爸妈一向鼓励你自学，但既然你已经和同学相约报了班，就当好好珍惜这次学习机会，集中精力把课上好，不要受有无熟悉同学做伴等其他因素影响。仔细想想，这些因素其实并不重要，没必要理会。你现在已经是一名初中生了，自己能做好的事不能总依赖爸妈和他人。即便少了熟悉同学的陪伴、帮助、提醒、督促，相信凭你的能力，也能按时把课上好，而且也能借此锻炼和提高自己自主学习做事的能力。

让爸爸颇感欣慰的是，你从今天开始自学数学新课。自学很重要，它几乎贯穿学习的整个过程。即便是上辅导课，自学也是少不了的。课前预习需要自学，课后领会老师所讲内容，深入思考钻研问题，拓展知识面，也需要刻苦地自学。缺少了这个过程，光听老师讲课，学习效果会大打折扣。就像只会张着嘴等食投喂，只会生吞，不会细嚼，不会充分调用、发挥自身消化吸收功能的小鸟，囫囵吞枣吃了一肚子，却不知道吃的啥东西，也品尝不出啥滋味，更不知道主动尝试着去获取美味，享受美味。被这样喂大的小鸟，因不能自食其力，一旦离开爸妈的照顾，面对复杂的自然环境，就会无所适从，难以生存。自主学习相比单纯听老师授课来说是比较辛苦的，需要动更多的脑子，下更大的功夫，付出更加艰辛的努力。一分耕耘，一分收获。耕耘的多，收获的相应也多。拼力争取每一分收获，以便让自己逐渐充实、壮大起来，吃点苦是值得的，也是非常有必要的。

你打算在下个学期主攻一下数、理、化，假期里也特别注重对这几门课的预习。你能根据自己的实际情况，有侧重点地加强学习和补齐短板，做法是可行的，也是值得肯定的。但据我所知，你的语文成绩相比数、理、化来说，虽算不上差，但也不是很突出，还有很大的提升空间，也应该趁假期加强一下对它的学习。语文是非常重要、实用性很强的基础性学科，真正学好它并不容易。先要学好、夯实课本基础知识，再通过广泛阅读积累丰富词汇，通过反复写作练习强化语感。而阅读面的拓展和写作能力的提升，恰是你所欠缺和需要加强的。老话说，"熟读唐诗三百首，不会吟诗也会吟"，意思是优秀作品读多了，读熟了，写作水平自然而然就会提高。这充分说明了阅读的重要性。阅读堪称学语文的法宝，通过阅读既能温习、巩固课本基础知识，还能开阔视野、增长见识，学习积累更多的新词汇、新知识，进一步拓宽知识面。这个暑假老师没有专门给你们布置语文拓展阅读方面的作业，但你不能因此就放松这方面的学习，应根据自己的实际情况，利用相对比较充裕的暑期时间，主动地有针对性地找些书来读，这样比做"指定作业"更有用处、更有好处。

暑期作业，一般是老师针对班级大多数同学学习情况布置的，大都注重学生对基础知识的温习巩固，适合大多数同学来做。学习能力强、成绩优秀的同学，可能会觉得作业量不大，也不难做，有种"吃不饱""意犹未尽"的感觉，除了完成指定作业，还想另外找些作业来做；有的同学则不然。每个同学学习能力不一样，学习情况也有差别，对作业的需求也会不一样。有的同学各学科、各方面都存在短板、弱项，都有待加强学习。有的同学则只是某学科、某方面还存在弱项，还有提升空间。由于学生多，情况复杂，老师精力有限，不可能针对每个同学的不同情况，逐个单独布置作业，这项工作只能靠学生自己来拿捏和把握。这就需要你们除了完成老师布置的基础性作业，做好对基础知识的温习巩固之外，还需根据自己某学科、某方面的弱项短板，主动找些作业来做。有的放矢地学习、做作业，更有利于提升自己的学习水平和综合能力。这就是爸爸常跟你念叨的"自己学着找食儿"。根据自我需求主动找的"食儿"，会更切合自身情况，更适合自己口味，更富有营养，更有利于自身健康。

3. 自学，应该从哪儿入手

圆圆日记

　　这一周的最后一天，我终于做完英语作业，心里小小地高兴了一下。不过从明天开始，我就要自学数学了，顺便完成其他作业。一想到自学，我心里就有些忐忑不安，又有些跃跃欲试的冲动。因为没有老师教，处处都要靠自己钻研和努力，没有强大的自主学习勇气和耐心，很难干好这件事。我担心自己不能学进去，或只学个皮毛，深层次的知识点发掘不出来，即使找到了，恐怕也理解不了。解决这一难题的办法，我想应该是一边看书，一边做题来琢磨和领会，通过做题来加深对课本知识的理解，还是很有效果的。这样一想，我就很有信心了。加油，相信我一定能把数学学好！

爸爸的寄语

　　我一直对你在假期中把作业赶到一块搞突击的做法心存疑虑，不知道这样做的效果到底怎么样。我认为理科，如物理、化学、数学等，知识点相对集中，前后知识逻辑关联性比较强，可以集中时间突击学习，而对于知识点比较零散、前后逻辑关联性不强、需要反复记忆的文史类学科，最好采用细水长流、日积月累的学习方法，天天都要学，时时都能记，最终达到久久为功的学习效果。相对比较零散、逻辑关联性不强、需要反复记忆的文史类知识，在考试前突击学习或复习，可能会起到一定的效果，而对于特点明显不同的数学、物理、化学等理科，这样突击学习却不一定管用。这就是人们常说的"临时抱佛脚"，是一种很不科学的学习方法。学文科的好方法不一定适用于学理科，反之亦然。对于不同的学科，应该采取不同的学习方法和策略。只有用对用好学习方法，才能收到好的学习效果。自学缺乏老师指导，尤其需要注重方法。不知道我说得对不对，你可以就我的建议和其他同学探讨一下，也可以征求一下老师的意见。学习没有一成不变的固定方法，适合自己的方法就是最好的。从你今天写的日志可以看出，你有自己的学习计划，也有自己的自学窍门，急着做完英语作业，就是为了挤出更多时间来自学数学，一试身手。

你说一想到自学，心里就有些忐忑不安，又有些跃跃欲试，因为没有老师教，处处都要靠自己钻研，没有强大的自主学习勇气和耐心，很难干好这事。你说得没错，自学的确没那么容易，需要多动脑子，吃更多苦，受更多累，如果缺乏韧劲、耐心和恒心，很难入手，很难入门。韧劲、耐心和恒心，需以向往追求和精神信念为支撑、为源泉、为动力。你首先要搞清楚为什么要自学，自学的好处和意义是什么，有了追求目标，有了精神动力，才有劲头去自学，才能坚持去自学。自学好处多多，意义非凡。老师教授给你的知识毕竟是有限的，更多的知识需要你自主地获取。这就要求你必须具有自主学习能力，必须把老师传授的知识技艺设法转化为自己的技能本领。你通过自主学习，除了可以获取更多的知识技艺、锤炼技能本领之外，还可以借此磨炼顽强的毅力，积累丰富的经验，收获成功的快乐，增强争取进步和战胜困难的信心。自主学习很重要，会自主学习的孩子，往往更聪明，能力也更强。会自学，就是会"自食其力"，会主动"找食儿吃"的孩子不会"饿着"，而只想着等别人喂、不会主动"找食儿吃"的孩子，最容易"挨饿"。

在自学过程中，需要特别注意的是遇到困难应该怎么办。由于缺乏老师指导，自学期间遇到困难是正常的、难免的。自己要有这种思想意识，要做好迎接困难挑战的思想准备。俗话说"不打无准备之仗"，自学也是这样。学之前不妨先给自己打打气，鼓鼓劲，打打"预防针"，提醒自己遇到困难是正常的，不要怕，也不要慌。要相信自己有能力克服自学中遇到的多数困难。其实好多困难并没有你想象的那么可怕，也没有你想象的那么难以克服，你不怕它，拼尽全力去攻克它，说不定很快就能把它打垮。在攻克难关的过程中，你会收获并积累很多实战经验。经过努力克服了困难，会让你特别有成就感。碰到一时克服不了的困难，不要灰心，也不要泄气。对于经过再三尝试仍攻克不了的困难，可以向爸妈求助，或向老师同学请教。不过你要记住，能自己克服的困难尽量自己克服，能自己攻克的难题尽量自己攻克。通过自己艰苦努力克服的困难，通过自己刻苦钻研攻克的难题，印象会更深刻，记忆会更牢固。你从中获取到的实战经验、能力和信心，弥足珍贵，是你继续战胜其他困难和迈向更高台阶，以及不断增强自学能力并将自学逐渐推向深入的基石。

做好了思想准备，厘清了自学过程中可能遇到的困难和克服困难的途径，接下来就要付诸行动，把好念头好想法落到实处。你担心自己不能学进去，或只学个皮毛，深层次的知识点发掘不出来，即使找到了，恐怕也理解不了。你提出解决这一难题的办法，是通过一边看书一边做题来琢磨和领会，通过做题来加深对课本知识的理解。这个办法不光你觉得可行，可能其他好多同学也会觉得可行。由于缺少指导，经验不足，你们自学很容易浮于表面，无法深入。对于准备自学的内容，不妨先大体看一遍，看哪些内容容易理解，哪些内容不好理解，先找出难点在哪里，把它标出来，记下来，再对照着课本内容、难点内容，通过做题来加深对课本知识的理解，一点一点、一步一步地破解难点。你可以通过做题检验一下自己先前对难点内容的判断是否正确，以及准备好的办法是否可行，如不适用，马上进行调整。通过做题，你还能发现新的难点，找到新的解决办法。经过这样不断摸索，你会积累越来越多的自学经验，越学越有信心，越学越有劲头，越学越顺手。

4. 自主钻研学习，最靠谱

圆圆日记

> 虽然很想在老家多待几天，但是我今天有课，妈妈也要上班，所以我们昨天晚上就赶回来了，真是遗憾啊，有空我们还会再回去的。
>
> 从今天起，我们每天都有课，化学隔一天上一次，物理每天都上，现在完全是开学后的节奏啊。何况我们每堂课都学几节课甚至一个单元的内容，作业量很大。开弓没有回头箭，我只能努力坚持下去。现在辛苦一点，多学一点，开学以后就可以稍稍轻松一下了。

爸爸的寄语

暑期物理、化学辅导课是你自主选报的，课程很集中，时间很短。爸妈尊重你的选择。这也是你学着自主做事、长大成熟的一种表现。自主做事和自主学习一样重要。你比爸妈更了解你的学习情况，你做出这样的决定和选择，想必一定经过了充分的考虑，一定有你自己的道理和因由。爸妈相信你能结合自己的实际情况，合理安排好学习时间，珍惜机会把每一堂辅导课上好。爸妈一向不太赞成你上辅导班，辅导班的种种不利之处，爸爸曾给你详细地分析过。还是那句话，学习不能急于求成，除非你聪慧过人、过目不忘，要不然想通过几堂课就能把整本书学透学好是不现实的。你在今天的日志中也说："我们每堂课都学几节课甚至一个单元的内容。"这种综述性的授课方式，明显不太适合初学阶段的学生。

　　假期学习重在"充电""提高""补短板"，切勿心存侥幸，以为假期里学了，开学就可以"轻松一下"，这样想是欠考虑的。假期学习只是为新学期的学习做准备、打基础。暑期集中学习，老师讲得比较粗疏，你学得不够深入，很多知识点还需要开学后通过系统、深入的学习加以巩固和拓展，因此不要满足于一知半解，以为上几天辅导班，就万事大吉。只有掌握好现在已学的知识，才更有利于以后的学习。只有把学过的知识温习好、巩固好，把学过的知识掌握扎实了，才能更好地继续学习新的知识。这就需要你除了按时完成老师布置的作业外，还需把假期新学的知识温习一下，对没学的新知识提前预习一下。不能总是被动地学习，应该学会自觉主动地学习，这一点你做得还不够好，以后需要着重加强一下。

咱们不妨作个比较，看看在暑期有限的时间内，以下哪种学习方式更利于以后的学习。一是在老师教导下把整本新书大体内容粗略地通一遍；二是在老师详细指导下认真学好前面的几个章节；三是通过自主钻研学习，把前面的几个章节学懂弄通。依我看，第三种学习方式更利于以后的学习，因为个人付出的努力最大，下的功夫最多，钻研问题最多，动脑子最多，这对个人逻辑思维能力、学习能力的提升，无疑是大有帮助的。拥有了这种强大的能力，便如同拥有了开山辟路、攻坚克难的利器，即便没有他人协助，也能坚定自如地一往无前。第二种方式次之，第一种方式最不好，而且容易使学生养成急于求成、好大喜功的侥幸心理和遇到难题不愿动脑钻研、只等老师开导的依赖和惰性心理。

对此，你可能会有疑问，既然自学如此重要，是不是不用上学，不用老师教，只靠自学就行了？当然是不行的。对大多数学生（当然也包括你）来说，个人自学能力毕竟有限，没有老师教导，仅靠自学还无法进行系统而深入的学习，学习中遇到的难题也很难自行攻克、解决，而且很容易走偏路、走弯路。我们这里强调的自学，是就暑假这一特殊时期来说的。暑假生活相对比较轻松自由，缺少老师管教，缺少同学陪伴，缺少校园里才有的纪律约束和浓厚的学习氛围，主要靠你在家自觉自主地学习。而坚持自主学习，坚持动脑钻研问题，不仅对于提升你的逻辑思维能力、学习能力大有好处，而且对于增强你学习做事的自律性、自觉性也是大有好处的。拥有这种能力和素养，对你未来的学习成长无疑也是大有帮助的。

个人努力，不论到什么时候都是不能缺失的。老话说得好：师傅领进门，修行在个人。老师教得再好，学生不努力学也是白搭。老师的教导好比助力或外力，学生个人的努力好比内驱力，助力或外力最终要通过内驱力发挥作用。从你写的日志中可以看出，你最近学习很努力，也很辛苦，甚至还有点疲累。苦点累点算不了什么，你有充足的时间休息，既然你给自己定好了目标，许下了承诺，就应当坚持下去，不能轻易放松，更不能轻易放弃。

5. 自学不可少，切忌怕苦累

圆圆日记

今天上午连着学了两节化学课，从下午开始，我就要自学数学了。我对自学没多大信心，总觉得没有老师教会学不好。

爸爸说光靠老师"喂"不行，要自己学着"找食吃"，那样才能真正锻炼自己，才更有意义。我觉得爸爸说得很对，凡事不能总靠别人，从现在开始，我要靠我自己。

· · · ·

爸爸的寄语

等着被别人"填鸭式"喂食很简单，很容易，但要自己找食吃，做到自食其力，就不那么简单，不那么容易了，需要付出艰辛的努力，需要有坚定的决心、顽强的毅力，需要有不怕苦累和执着求索的精神。自食其力是人从小就该练习的一种生存能力。只有从小就学着自立，逐步练就过硬的生存本领，将来才能更好地立足社会。自学实际上就是培养自立能力。老师不可能教你一辈子，爸妈也不可能管你一辈子、养你一辈子，以后的漫长人生路最终还是要靠你自己来走。老师只是你学习的启蒙者、引路人，传授你的多是学习方法和技巧，更多的知识还需要你自己去获取，更多的险滩沟坎还需要你自己去闯、去走。自学能力强的孩子一般学习成绩就好，综合素质就高，他们不满足于老师的说教和灌输，会试着主动找食吃。自己找食的过程，实际上就是他们走向更广阔世界，深入探索和认识更广阔世界的过程，这样的孩子能主动获取新知识，能主动克服学习中的困难，而不是一遇上困难就叫苦，就抱怨。这样的孩子最让老师和家长省心、放心。你现在亟须加强的恰恰是这样一种自学能力。

自学靠的是钻研思考，会付出更多汗水，会耗费更多脑力，相对于被动地学习和接受知识来说，虽说更苦一点、更累一点、更难一点，但对学习能力的提升大有好处。学生学到知识是另一回事，能不能用、会不会用所学知识是一回事，能不能活用、用好知识又是一回事。要想把老师教授的知识真正消化吸收为自己的东西，是不能不自学的，是不能不钻研思考的，只有通过自学和钻研思考，才能将所学知识消化吸收，真正为己所用，才能既知其一又知其二，把学习深入下去，把知识的内在机理、潜在逻辑搞明白。要不然，你学到的就只是皮毛，往往只会用老师教授的方法，简单地、机械地解决皮毛问题，而不会举一反三，不会灵活、创造性地运用方法解决问题，问题一旦稍稍发生变化，就束手无策，不知如何是好了。有的同学上了大学，尤其是上了知名大学，感觉学习很吃力，其中一个重要原因就是习惯了中学时期灌输式教育模式，习惯了被动学习，而大学课程主要靠学生自学，上中学时屡试不爽的一些学习方法和技巧大都派不上用场。大学课程进度很快（不像多数高中，高二就把全部课程学完，整个高三都用来复习备考），老师不可能面面俱到地给学生讲解，帮学生辅导。有的同学一时很难适应这种学习方式，于是乎便感到非常疲累。

自学是学生学习过程中不可缺失的，上中学是这样，上大学更是如此。不少同学虽已认识到自学的重要性，但实际去做时，却有着这样那样的担心，担心走错路，走弯路，白费力气，白费工夫；担心半路被难题卡住，没法继续前行。与其那样，还不如坐等老师教。有老师教的时候，老师会把重点难点给你指出来，把你可能遇到的问题给你点出来，把破解难题的方法告诉你。你不用费很多气力，也不用动很多脑子，就能轻松地完成学习任务。而自学的时候，重点难点则需要你自己来把握，难题需要你自己来钻研解决，解决的方法还可能与老师教授的有出入、有偏差。有的家长正是担心这一点，所以才对孩子自学有顾虑、不放心，动不动就请老师帮孩子辅导。孩子本来就对自学缺乏信心，此时正好有了偷懒的借口：既然有老师帮着轻松完成学习任务，干吗还要受那份自学累，吃那份钻研苦！怕吃苦，怕受累，并且缺乏信心和毅力，这是好多同学培养自学能力的最大障碍。他们有的虽已认识到自学的重要性，但缺乏将其付诸行动的决心和动力。他们习惯了"衣来伸手，饭来张口"的生存方式，习惯了"填鸭式"教育模式，不愿或懒于改变现状。改变就意味着要付出辛劳，就意味着要承担风险。不少家长也存有这样的想法和担忧。他们思想保守，谨小慎微，明知孩子被动学习不好，却放任自流；明知自学很重要，却不敢鼓励孩子去尝试。凡此种种，都是影响孩子通过提高自学能力谋取进步的绊脚石。

知道了问题所在，就当有针对性地加以克服。知道被动学习不好，就当有意识地加强自主学习和钻研思考。不过，需要特别说明的是，我们提倡自学，提倡独立钻研思考，但不提倡闷着头死学，碰到解决不了的问题，碰到跨不过的坎儿，及时向老师请教，及时向他人求助，也是很有必要的。跟自学和钻研思考一样，"好问"也是一种非常好的学习习惯。它是自学的重要推动力，可以让学生及时发现和纠正自学过程中的偏差，使学生的自学更顺畅、更深入，对于提高学生的逻辑思维能力和钻研思考能力，也是大有帮助、大有好处的。

6. 校外辅导，隐忧多多

圆圆日记

上次上完物理辅导课，头到现在仍晕乎乎的。我们一块儿听讲的三个同学，都有这种感受。既然三个人都说不适应老师的讲课方式，说明老师讲课真的有问题。我们把情况反映给辅导机构的管理老师，管理老师答应明天给我们调换一位老师上课。今天我得好好复习、预习一下，把上节课自己没搞明白的问题标记一下，明天请老师重点讲一下。完成了这些任务后，一上午时间就过去了。下午我玩了一会，写了点数学作业，一天就这样愉快地结束了。

爸爸的寄语

爸爸建议你们先不要急着换上课老师，不妨再听一节课试试。你们上课听得晕乎，可能并不全是老师的原因，换一位老师给你们上课，效果未必好，你们贸然要求撤换上课老师，无疑是对前任上课老师的极大不尊重。有的家长一听孩子上不好课，便强烈要求学校更换老师，也是欠理性、欠妥当的做法。你们可以把遇到的问题和想法同老师详细地说一说，一起查找一下问题出现的原因，一起想法把课上好。这样做岂不是更好？对老师要尊重，要有礼貌。我们很难找到一位特别合自己口味和脾性的老师，只能尽力适应老师，而不是硬让老师适应我们。老师上课要面对好多学生，每位同学的情况不尽相同甚或迥然相异，老师很难顾及和满足每一位同学的需求。有的老师教学方法独特，开始学生可能有些不适应，但经过一段时间的了解、沟通和磨合，双方兴许就能相处得非常融洽，配合得非常默契。

你们在查找别人不足的时候，也要看看自己有没有欠缺，有没有积极尝试着向好的方面努力，不要动不动就把错全归到别人身上。老话说得好：师傅领进门，修行在个人。但凭听老师讲，自己却不努力，是很难把学习搞好的。你们上课听得晕乎，可能并不是老师讲得不好，而是因为你们没有好好预习，一时没法接受理解那么多的新知识。暑假辅导课时间很短，你们学的又是以前没接触过的新内容、新知识，想用几节课的时间就把整本新书通一遍，同时又想让老师讲得很细很透，是不现实、不可能的。上课时间不足，任务又多又急，老师只能概括地讲，粗粗拉拉地讲，很难把知识讲得透彻、讲得深入，很难把知识面拓展开去。你们的预习时间不足，课堂练习时间少，课后复习时间也少，学习的新知识得不到巩固，遇到的疑难问题得不到及时解答，最终囫囵吞枣地学了一大堆，吞了一肚子，却不能很好地消化和吸收，把它真正化为自己的东西。前面的学不好，底子打不牢，后面的也很难学得好，学得扎实。这样就会陷入恶性循环，你们不晕乎才怪。

好多辅导机构为了增加收益，为了吸引和留住学生，随意夸大宣传，极力迎合家长和学生急于求成、急功近利的心理，明明做不到的事情也要拍着胸脯保证说能做到。这样的宣传听得多了、见得多了，一些家长和学生头脑中就会产生一种错觉，以为课外辅导真的有通天之力，真的能把笨学生变成尖子生，真的能在短时间内通过补课加餐，把学生的成绩提高一大截儿，学生不参加课外辅导，就等于吃了大亏，输在起跑线上，与他人的差距越拉越大。岂不知就算辅导老师教得再好，如果学生不认真学、不用心学、不努力学也是白搭，何况辅导机构聘请的辅导老师，未必就是他们所宣扬的具有丰富经验和顶尖水平的老师，教学水平和质量未必像他们宣扬的那么好、那么高。另外，因为家长、学生支出了劳务费用，有更多的话语权，这就难免导致一些辅导老师不敢放手大胆地教，一味迁就家长和学生，只想小心翼翼地上课，不想招惹其他麻烦和是非。即使学生有缺点，有不足，或能力实在欠缺，怕家长和学生反感，老师也不敢多说，不敢多管，只想尽力维持"形势看好"的假象，不让家长和学生的过高期望过早地落空。老师有这么多的顾虑，怎能把课上好，把学教好？

　　正因为上课外辅导有许多这样那样的不利之处，爸妈一直不赞成你去上。如果你觉得有必要去上，坚持去上，那就尽量选择资质高的正规办学机构，且要抱着平常心态去学，一步一个脚印地去学。一定要注重学习的质量，争取学一点就掌握一点。千万不要片面追求速度和进程，千万不要抱有过高的期望和不切实际的幻想，老想着一口吃个胖子。学习犹如爬山，只能一步一个台阶地往上爬，每一步都要付出力气和汗水，想三步两步就能轻松地攀上顶峰是不可能的。爬山爬得越高，视野越开阔，风景越瑰丽。每爬高一步，你都会看到不一样的风景，得到不一样的收获，因而用心享受攀爬的过程，比一步登峰更有乐趣，也更富有意义。跟爬山一样，学习也是一个漫长而艰苦的积累和攀升过程，通过学习增长见识，积累经验，开阔视野，提高自己的综合能力和综合素养，比单纯学习知识更重要。

7. 钻研，往往只差那一步

圆圆日记

今天没其他事，上午我在家老老实实学习，忙了一上午终于自学完数学第一章内容。课本上的课后练习题难易适中，大部分题我会做，个别题我绞尽脑汁想了十多分钟都没做出来。我上网百度了一下，大致看了看网上介绍的解题步骤，立马开了窍。

我很快把题做了出来，但怎么也高兴不起来，心里空落落的像丢了什么东西似的，要是自己再多钻研一会儿，说不定就能想到解题方法，从网上看来的东西，毕竟不如自己辛苦得来的用得踏实，用得放心。

我告诫自己，以后遇到能通过刻苦钻研解答的问题，绝不上网搜索答案。上网搜索答案虽然很省事，也很省时间，但缺少动脑钻研的过程，往往只是简单学会了解题方法，却不能举一反三、灵活运用，说不定题目稍一变化，就不会做了。

以后我还需多做题，多钻研题。做题多了，动脑筋多了，钻研得深了，自然就能发现其中的奥秘和规律，积累起丰富的学习经验，掌握并熟练应用各种解题思路和方法。

爸爸的寄语

　　不愿动脑筋钻研问题，碰到不会的问题就上网搜索答案，几乎成了当今好多同学在家做作业的"通病"。现在一般家庭都有上网条件，都配有电脑，孩子可随时通过电脑或智能手机上网查询资料，不会的题上网一搜便知。有些家长也是这样，当孩子遇到难题询问自己时，不是和孩子一起动脑钻研问题，耐心地一步步地帮孩子"开窍"，而是动辄不耐烦地推脱敷衍孩子：真笨，你不会上网搜一下答案啊？孩子本想让家长指点一下，不想挨家长一顿数落，心立马凉了半截儿。经家长这样一训斥，孩子"好学善问"的兴致扫地，题也懒得做了，更别说深入地思考钻研问题了。这次吃了"闭门羹"，下次他就不愿问、懒得问了。

　　从网上搜索答案并非一劳永逸、屡试不爽的做法。如同新手搭建房子，你用别人提供的现成工具、材料和方案，兴许费不了多大劲儿就能把房子的框架搭建起来，但需要你自己准备工具、材料、方案搭建时，就没那么容易了，甚至无从下手。这一方面是因为你只拿到了材料，却不知道怎样创造、收集材料；另一方面是因为你只掌握了简单的方法，却没有认透方法，学透方法，只停留在对方法的表面认识上，不知道方法是怎样经过磨砺、创造而归纳总结出来的，也就很难根据实际情况灵活、变通、开创性地使用它。正如你在日志中所说：从网上看来的东西，毕竟不如自己辛苦得来的用得踏实，用得放心……上网搜索答案虽然很省事，也很省时间，但缺少动脑钻研的过程，往往只是简单学会了解题方法，却不能举一反三、灵活运用，说不定题目稍一变化，就不会做了。

上网搜索答案还有个弊端，那就是从网上搜索来的东西大都纷繁、杂乱，往往你给出一个问题，会搜出一大堆答案，这个给出的答案是这样的，那个给出的答案是那样的，甚至是截然相反的。这就需要你对搜索出的答案仔细甄别，从众多答案中挑出最靠谱的那个来。相关知识要是了解不多或不够深入，很难一眼就能把准确答案挑出来。所以，平时学习中遇到难题，要靠自己多钻研解决，别老指望从网上搜索答案。在家学习遇到难题可以上网搜索答案，但在学校就没那么方便，考试的时候也不允许你上网搜索答案。平时养成刻苦钻研的好习惯，考试遇到难题时，就能做到心里有底、下笔有力、不慌不乱。

自己多动脑钻研解决问题，培养一种自主刻苦学习的能力，好处多多。这样不仅可以开发你的智力、开阔你的眼界，磨炼你的耐心和毅力，增强你的逻辑思维能力，还可以让你在攻克难题的过程中，获得成功的快乐、自豪感、成就感，进而增强自信心。有了这种能力和自信，再遇到难题时，你就能从容应对。自主钻研学习，如同挖矿，需要努力，需要坚持，往往你付出了很多，坚持了很久，仍挖不开宝藏的入口，但只要再努力一下，再坚持一会儿，说不定就能很轻松地撬开宝藏的入口。有时你离成功只有一步之遥，接下来就看你有没有耐心、毅力，能不能坚持去攻克它、获取它。好多人缺少这种耐心和毅力，眼看就要成功，却知难而退，白白放弃，被薄薄的一层窗户纸挡住了去路。

你说得没错，做题多了，动脑筋多了，钻研得深了，自然就能获得和掌握各种解题思路和方法。对于物理、化学、数学等逻辑性较强的科目，尤其需要这样。多做题，多钻研难题，既能复习、巩固之前所学知识，强化脑中已有的逻辑思维联系，还能进一步开阔思路和视野，把知识拓展开去，为知识的创造性应用打好基础。要做到这一点需要有个前提，那就是必须先把课本上的基础知识学好，基础知识和基本常识都没学好、掌握牢，就忙着去钻研难题，这显然是行不通的。就像士兵连基本的兵器都没准备好，连基本功都没练好，怎么能克敌制胜呢？打仗要有准备，学习也是如此。只有把课本上的基础知识学透，掌握牢固了，融会贯通了，做起题来，钻研起难题来，才能得心应手，才能深入地而不是浮于表面地思考钻研问题。

俗话说"万变不离其宗"，课外题大都由课本知识演变、延伸、拓展而来，其涉及的知识面一般不会超出课本上的内容。你通过做题暴露出来的问题，通过做题发现的学习中的薄弱环节，究其原因，往往归结到一点上，即课本基础知识没有学好、掌握牢。所以请你一定重视对课本基础知识的学习和复习。先把课本知识学好，再通过做题把知识面拓展开去。在钻研难题时还需要注意，坚持努力攻克难题没错，但也不能不讲求策略和方法，"摁着死卯子凿"，以至于因用脑过度造成思维疲劳。当费了很大劲儿也没攻克难题，感觉头脑很疲劳时，不妨先放一放，换一换脑筋，先去做其他事情。等过段时间大脑恢复活力、精神头又足时，再转回头来攻克它，兴许就能眼前一亮，瞬间打开之前近乎闭塞的思路。

第三章

学习当刻苦，更应讲方法

1. 学好语文，很关键

圆圆日记

今天我除了学数学，还写了几篇英语读书笔记，读的几篇英文都很有趣，不知不觉就被它吸引住了。我能读懂文章每句话的意思，把它翻译成中文却很吃力。我按照老师的方法，先单个词翻译，再排好语序，自由删减或添加一部分内容，尽量使句子变得通顺。这样翻译出来的句子比较完整，但总像缺少了点什么，尤其是一些有丰富内涵的句子，它应该是能触动人心的，而直译出来却显得平淡无味。我想这就是英语的魅力。老师跟我们说过，读英文书时，不一定非逐字逐句地翻译，只需大体了解它的意思就行了。有些英文句子很"美"，如果我们刻板生硬地把它译成汉语，它原来的"美"就不复存在了。

爸爸的寄语

英语、汉语作为两门不同的语言类学科，它们通过语句所表达出来的"美"其实是相近的。用一种语言表述另一种语言，即通常所说的翻译，是一种再创作，翻译得体，让人感受到原作的"美"，不仅需要丰富的语言知识，还需要过硬的写作、创作能力。你不能用汉语自如地翻译英文，也不能把英文的美感用汉语表达出来，除了英语基础知识掌握得还不够扎实、应用得还不够熟练外，还有一个重要原因是写作、创作能力匮乏，只能直白地翻译原文，不能通过灵活的再创作，把原文的"美"表达出来。在尝试用汉语翻译英文的同时，查找、总结一下自己在语文学习中还存在哪些不足和欠缺，有针对性地加强学习和练习，在提高英语水平的同时提高语文水平，是很有必要的，可谓一举两得。

学好语文，学好母语，不仅能促进其他语言类学科如英语的学习，对其他非语言类学科的学习也是大有好处的。譬如你做数学、物理、化学题的时候，如果你语文水平高，对词汇、语句的理解能力强，就能快速且准确地读懂题意。只有读懂了题意，你才能知道题目考查的知识点是什么，该从哪方面入手解答。学习政治、历史等科目时也是如此，要想读通课文，深入地领会课文内涵，并用文字表达自己的感悟、认识，陈述自己的看法、观点，没有一定的语文水平和较好的语言表达能力是不行的。有时你虽然心里很明白，但真要落笔时却总是卡壳，无法自如准确地用文字表达自己内心的想法、看法和观点，就是因为语文学得还不够好，语言表达能力差。这里说的语言表达能力，主要指文字表达能力，它是写作、创作能力的直观表现。写作、创作能力强了，文字表达能力自然就强。

想提高写作、创作能力，进而提高语言表达能力，没有太好的办法，只能多读、多写、多练，即便你有这方面的天赋，后天的勤学苦练也是少不了的。写作、创作能力的提高不是一蹴而就的，需要一个漫长的学习、摸索、锤炼、积累的过程。建议你每天抽出一定时间来阅读名著名篇，每天写一篇日志、读书笔记、读后感或其他短文，不必在意篇幅的长短，也不必在意文字是否精美，只要能把自己的所思所感尽情地记录下来，自如地表达出来就行了。坚持每天读一点、写一点最好不过，平时因学习紧张实在抽不出时间读写也不要紧，可以趁周末或空闲的时候来加强读写练习。不能坚持每天读一点、写一点，那就坚持每周读一点、写一点，只要时刻不忘这个念头，时刻不忘去追求它，时间不是问题，相信你总能抽出时间，总能想出办法实现你的既定目标。

2. 写好作文，有说道

圆圆日记

今天我要完成一件对我来说极富挑战性的任务——起草"我的梦，中国梦"征文内容。这是我们假期综合实践活动的一项重要内容。几个小组成员早就商量好了，一致推荐我这个小组长来挑头写。我问他们具体怎么写，写什么，几个人都说拿不准。爸爸喜欢创作，发表过很多文章。他在写作方面很有经验。于是我征求一下爸爸的意见。他说我现在还是中学生，应该立足当前，立足实际，以怎样做个好学生入手，写写自己都有哪些美好追求和梦想，具体怎样做，才能把个人梦想与"实现中华民族伟大复兴的中国梦"结合起来，等等。

经过爸爸一指点，我心里立马亮堂了许多。我把想法跟几个组员说了说，他们都同意我这样写。虽然知道了该怎么写，真要动手写时，却总是卡壳，写完前一句，不知道后一句该怎么写；写完前一个意思，不知道怎么接续下一个意思。我绞尽脑汁，花了三个多小时的时间，才把稿子写出来。我长呼一口气，虽然我深知稿子写得不够好，但我还是感到非常高兴，非常满足，感觉自己就像一名勇猛冲锋的战士，经过顽强拼搏，终于完成艰巨的战斗任务一样。

爸爸的寄语

写征文如同写命题作文，最好先花上几分钟或更多的时间，在心里酝酿一下，想好怎么写，需要组织哪些素材，需要采取怎样的叙述方式，等等。把准备工作做好，心里有了底，下笔时才不至于频频卡壳。就像盖房子，先有整体构想和设计，再按构想和设计准备材料，之后按部就班一步步地把房子搭建起来。跟盖房子有所不同的是，写文章不一定非按设定好的思路写，写的过程中会伴随灵感火花的迸发，往往原打算要这样写，但是写着写着突然发现那样写会更好。不仅写作过程中可以根据需要进行不断的修改和完善，写完后也可以通过反复修改，使文章愈加完美。

不同文体写法不一。写这个征文，常用文体不外乎三种，即记叙文、抒情散文、议论文。如果写的是记叙文，需紧扣主题，把涉及的人物、时间、地点，事件的起因、经过和结果表述清楚，通过记人、叙事、写景、状物，把人物的经历和事物的发展变化呈现出来。写之前，最好先把想要表达的中心思想拟定好，再围绕中心思想展开叙述。如果写的是抒情散文，则需要以表达思想感受、抒发感情为主，把思想寓于情感之中，寓于诗情画意之中，运用象征和比拟等手法，形象地进行抒发和表达。如果写的是议论文，则以摆事实、讲道理为主，可以采取"提出问题、分析问题、解决问题"三段论写作方式，通过剖析事理、论证事理，阐明你的主张和观点，达到以理服人的效果。

不论用哪种文体写，都要用心去写，把真情实感写出来。东凑一句，西凑一句，思路混乱，条理不清，事件叙述不清楚，意思表达不明白，连自己都不知道在写什么，连自己都不知道想表达什么，这样写出的文章会很乱，内容会很空洞，恐怕连自己都读不下去，更别说感动他人、打动他人了。写作也是一种耕耘、一种劳动，作品则是劳动成果。你付出了真心，付出了汗水，付出了心血，收获的成果自然就多、就大。看着自己辛苦半天写就的稿子，如同老农手捧刚收割的颗粒饱满的谷穗，会感到特别欣慰，特别满足，特别有成就感。这就是写作的快乐、劳动的快乐。

有时可能会遇到这样的情况：自己感觉写得很好的文章、把自己感动得稀里哗啦的文章，别人看了却不为所动。文章之所以不能打动人，大多因为它还存在这样那样的缺陷和不足，自己可能看不出来、察觉不出来，但明眼人一眼就能看出来。所以还需多向他人请教，多听听别人的建议。众人拾柴火焰高，既然这个征文属于小组社会实践活动内容，你应该多征求一下小组成员的建议。文章起草好后，别忘发给他们看看，问下他们还有什么要补充和修改的。

3. 学习如挖矿，深挖有惊喜

圆圆日记

昨天化学老师给我们布置了一项作业——观察蜡烛的燃烧过程。在科技飞速发展、人们生活日新月异的今天，别说是蜡烛，连火柴都很难买到了。费了不少劲，我才买齐实验所需材料，结果光点火柴就练习了好长时间，看来生活经验不足，也会给实验增加难度。

虽然过程有些曲折，但结果是令人满意的。通过观察蜡烛燃烧，我学到了很多，懂得了很多，一个小小的实验，需要用许多化学原理来解释，非常神奇。

今天晚上我和小学同学一起去广场玩，广场上的喷泉正喷云泄雾。好久没聚，我感觉大家都有变化，像突然长大了几岁似的。时间就是这样，它从不放慢前行的脚步，不知不觉，又是一年。

爸爸的寄语

老师给你布置的作业，也就是观察蜡烛的燃烧过程，从某种意义上来说，它既是一项作业，也是一项社会实践活动。你通过做这样的作业，可加深对课本知识的理解，做到融会贯通、举一反三、学以致用。同时还能开阔视野，把课本知识与生活常识紧密联系在一起并拓展开去，去涉猎和掌握更多鲜活的第一手资料，去学习和汲取更多有趣有用的知识，进而提高生活自理能力，培养浓厚的学习兴趣，为以后学习和生活打好基础。从你今天写的日志中可以看出，你对这项作业抱有很浓厚的兴趣，为了准备材料费了不少劲，原以为接下来你会有很多话想说，有很多感想要抒发，没想到你只是轻描淡写地叙说一番，并没有挥洒过多的笔墨。

你只是简单说了下买材料和点火柴的情形，并没有对本该重点介绍的蜡烛燃烧过程进行描述，让人看了一头雾水，不明白你到底怎么做的实验，你的收获和心得又是怎么来的。因为你没有对蜡烛燃烧过程进行实质性的描述，你说"通过观察蜡烛燃烧，我学到了很多，懂得了很多"，就显得很突兀，很空洞。"很多"具体指什么，如果是知识，是道理，那又是什么样的知识和道理？你说"一个小小的实验，需

83

要用很多化学原理来解释"，其中的"很多化学原理"具体指的又是什么？是不是连你自己也搞不太清？既然搞不太清，拿不太准，就不能乱说乱写。这样写日志、做学问是很不严谨的。如果你能再认真一点，运用你所学知识，把你所说的"很多"仔细地加以剖析和甄别，写出来的日志会比现在好得多。

不论学习还是做事，都需要认真对待，马虎不得。不认真，不用心，学习做事就容易流于形式，很难有实质性的收获。做实验时马虎大意，浮皮潦草，不仅难有大的收获，还很容易因忽视安全、操作不规范而出错，造成不可挽回的损失。你今天做的实验虽小，从中可学可悟的东西却不少。在观察蜡烛的燃烧过程，了解其燃烧原理的同时，你还可以了解和探究一下，火柴是如何被点燃的，其燃烧原理又是什么。火柴是通过摩擦产生的热量，使氧化剂和还原剂发生化学反应而生火。用火柴将蜡烛棉芯点燃，放出的热量先把石蜡熔化成蒸汽，再引燃蒸汽，最终使蜡烛燃烧起来。先弄懂实验原理，心里有了底，再去操作它、观察它，会顺手许多。这就是大家常说的用理论指导实践，充分发挥理论对实践的指导作用。

仔细观察蜡烛燃烧的过程，你会发现，蜡烛燃烧产生的火焰，有很明显的特点，那就是火焰外部由于与空气充分接触，燃烧很充分，要比内部明亮许多。当你吹灭蜡烛时，会发现蜡烛上方升腾起一股袅袅的白气，这股白气是火焰内部残存的没有充分燃烧的石蜡蒸汽。你用火柴点燃这股白汽，它会噗的一声又重新燃烧起来。蜡烛燃烧时，未及汽化的石蜡会像泪滴一样顺蜡烛边缘流下来，在蜡烛底部慢慢积成一摊。唐代著名诗人李商隐诗句"蜡炬成灰泪始干"中的"泪"指的就是这种还没有燃尽的蜡油。一个小小的实验，牵涉到的不仅有物理知识、化学知识，还有哲学知识和文学知识。这说明各学科知识并不是完全割裂开的，而是可以联系在一起并加以综合应用的。

另外，需要注意的是不能忽视安全。别看实验小，涉及的安全问题并不小。你今天做的这个实验会接触明火，明火使用不当会引发火情。所以操作时一定要小心，把蜡烛放在空旷的地方并将其固定好，边上不要有可燃物品，不要用手直接触碰火焰或蜡油，以免被其烧伤或烫伤。同样，外出玩耍时也要注意安全，危险动作不要做，危险场所要远离。

4. 多动脑子，才能学得精到

圆圆日记

今天我依然早起，从八点开始上课，一直上到十二点。中午吃完饭后，我和同学一起去了图书中心买"教辅"。我们一口气买了好多，整个九年级的理科辅导材料都买了。

文科不用做很多题，也就不用多买辅导材料，初中的文科知识比较简单，只需背背就好，不像高中的政治，把整本书背过了，都不一定能考高分。

下午我整理了课堂笔记，课上记得太乱，没空梳理，只能回家下功夫。整理课堂笔记的同时，顺便做了课后练习题，错了不少题。看来我还需要继续努力。

这周一直忙着预习功课、上课，暑假作业基本没怎么动。现在我需要重新拟定一份计划。七月份把数理化学完，八月份完成其他科的作业。明天新的一周就要开始了，继续加油吧。

爸爸的寄语

午饭后你和同学去图书中心，一口气买了很多理科类辅导材料。课本知识还没学透掌握好，现在买那么多辅导材料是不是急了点儿？能用得上吗？爸爸认为辅导材料可以买，但它不是万能的，没必要买那么多，有些内容重复的辅导材料就不要买了。买辅导材料前最好征求下老师的建议，尽量买那些紧扣课本的，对巩固课本知识、基础知识有帮助的，不要买那些综合复习类的和拓展类的，那些材料对于现在的你来说还不适用。你现在的学习处于初级阶段，首要任务是把课本知识、基础知识学好，不能还没学会爬就急着跑，地基还没打好就急着盖房，那样能成吗？在还没学好课本知识、基础知识的情况下急于去拓展学习，无异于舍本逐末。建议你还是多看看课本，多钻研下课本中的知识，多做些紧扣课本内容的练习题。

你说"初中的文科知识比较简单，只需背背就好"，不知道这样的结论你是如何得出的。学理科需要动脑子，学文科也需要动脑子，通过思考加深对知识的理解和记忆。文科知识相比理科知识而言，逻辑性稍弱一些，但这并不是说学它就不用动脑子思考。不动脑子思考，学习容易浮于表面，流于形式，很难深入下去，只知其然而不知其所以然，无法深入地理解、悟透知识内涵。单纯死记硬背没有理解透的东西，很难在头脑中建立起思维联系并留下深刻的印象，也就很容易随着时间的推移而淡忘，致使你不得不花费更多时间和精力去反复地对它死记硬背。死记硬背不大费脑子却很费时间和精力，学习效果还不好。所以死记硬背的学习方法是不可取的。即便是对很简单的文科知识，也不宜采取这种方法。

你说"高中的政治，把整本书背过了，都不一定能考高分"，这话有一定的道理，是一些学生通过切身体验得出的感悟。死记硬背不仅不适用于初中阶段的学习，也不适用于高中阶段的学习，甚或对人的整个学习过程都是不适用的。这种学习方法的最大欠缺之处，是缺少动脑的过程，不能通过思考和钻研，把眼前所学知识或单节单章内容，与以往所学知识或整章整书内容有机地联系起来，并加以综合分析、灵活应用。我们学习知识的目的，是更好地应用它，死学而不能活用，便削弱了学习的意义。随着学习的深入和知识层次的提升，高中教育更加重视学生对知识综合应用能力的培养，不仅考查学生有没有记住知识点，还考查学生有没有悟透、用好它，以及能否结合其他知识加以综合应用。

总而言之，不论学理科还是学文科，都需要动脑子，想不用动脑子就能把知识学得深入，记得深刻，用得灵活，是不现实的。动脑思考理应贯穿学习的整个过程。你课堂笔记之所以记得乱，我想主要是因为你没有做好课前预习，预习时没有动脑子，要在脑中多画几个问号，想想为什么是这样而不是那样；或潦草地预习完就把它丢在一边，没有好好地回味一下，要在脑中把知识点顺一遍，想想本节内容与其他章节内容有没有关联，有怎样的关联，有哪些重点内容和难点内容，上课时哪些内容该重点记一下，重点听一下。只有通过认真预习，做好了铺垫，打好了基础，心中有了数，上课时你才能从容听讲，知道该记什么和该怎么记。预习做不好，上课听得晕，笔记记得乱，复习又不到位，做题频频出错也就不足为怪。

最近你为了学新课花费了不少精力和时间，暑期作业没顾上做，不得不对原定的学习计划进行调整。起初你对学新课可能遇到的困难估计得不足，考虑不周全，准备欠充分，才导致了现在这种情况。其实学新课遭遇新问题新困难是正常的、难免的，也没啥好怕的，要相信自己有能力搬掉一块块拦路石，使以后的功课越学越顺畅。

5. 学习技巧，由做笔记说起

圆圆日记

上午没课，我把化学作业做了。随后又整理笔记，竟然花了大半个上午的时间。中午吃完饭，接着又去上物理辅导课。从今天开始我们开始学电学知识，之前就听说"电"很难学，果然名不虚传。上学期学"力"，这学期学"电"，我很喜欢理科，也不知道凭我这笨脑子能不能跟得上趟。随它去吧，先不考虑它了，做题要紧。

爸爸的寄语

整理笔记很费工夫，你一下花去了大半上午的时间。这一方面说明你学习任务重，学习难度大；另一方面说明你学习能吃苦，肯下功夫，笔记整理得认真仔细，没有敷衍了事。通过整理笔记，你可以回味课堂上所学知识，加深对所学内容的理解，加深对重点、难点知识的领会。这是一个好的学习习惯，平时也应坚持这样做。有句俗语叫"好脑子不如烂笔头子"。人的记忆能力毕竟是有限的，再好使的脑子，记东西多了，记忆时间长了，也有弄混或遗忘的时候。有些知识即便你现在记得很清楚，时间长了，如果不加复习强化记忆的话，印象也会逐渐变得模糊，甚至完全忘掉。已经变模糊的印象，是很难通过回忆、想象和推导来恢复当初清晰状态的。而用笔头子记录的东西，却能长久地保持清晰而直观的原貌，有了它，相当于有了一份记忆的备份，可随时通过它来强化或恢复大脑中的记忆。

无论记课堂笔记、预习笔记，还是复习笔记，都需讲求技巧和方法。预习笔记主要记难点内容，记自己搞不懂或不太懂的内容。课堂笔记主要记重点内容、拓展内容和预习中没搞懂的内容，结合老师的讲解，把预习中没搞懂的地方搞懂。复习笔记主要记容易出错、频繁出错的内容，同时以提纲挈领的方式把知识点串联起来。对于初学者来说，对于课本基础知识掌握得还不够扎实的同学来说，最好紧密结合课本来记笔记。课本基础知识是本，是根，其他知识大都是由课本基础知识拓展而来的。因而学习不能脱离课本，记笔记不能丢开课本，不能片面夸大笔记的作用而忽视了对课本的学习。记笔记的目的应是在初步学习领会、全面了解课本基本内容的基础上，把知识点记下来，把知识点之间的脉络联系、逻辑关系记下来，把重点、难点记下来，提醒自己哪些内容该着重学习，并为以后复习提供参考。

对于比较抽象的物理知识，仅做好笔记还不够。比如电学知识，之所以深奥难学，就是因为它很抽象，带电粒子的形态、构成及其物质属性、运行状态、运行规律和活动轨迹等，单凭肉眼是无法直接观察到的，需要充分运用抽象思维，把抽象的微观现象形象化、直观化。微观世界的粒子到底是怎么运动的，又遵循了什么规律，可借助图形把它形象地描绘出来。平时要多注重这方面的练习，不仅要学会在脑中画图，也要学会在纸上画图。既能在脑中勾勒电路活动图，也能把它准确地画到纸上。看到一个电路图，脑中立马勾勒出它的活动图像，让它动起来、活起来。对于不好用图形、图像勾勒描绘的电学知识，可通过看相关科普动画短片的方式来深入学习，加深记忆。网上有不少有关电学的科普视频，你可以试着搜索一下。结合直观而形象的科普视频来学习电学，也是一种效果不错的学习方法。

　　合理运用学习方法，经过一段时间的努力学习后，你会发现，抽象难懂的电学知识，将变得不再那么抽象难懂，甚至越来越富有趣味。学习犹如探险拓疆，犹如发掘知识宝藏，要想学有所获、学有所成，需要付出艰苦的努力，需要抛洒很多汗水。学习不能怕吃苦，不能怕受累，如果实在感觉累了，可以先停一停，放一放，试着去做其他事情。换换脑筋，转移一下注意力，这是让疲累的大脑休息调整的一个好办法。当大脑疲累时，记忆力会变差，学习效率会变低，学了半天，还不如精力旺盛、头脑清醒时短时间内学得多、学得扎实。人的精力是有限的，像蓄电池一样，有一个不断充电和放电的过程，合理安排学习时间，保持旺盛的精力学习，可起到事半功倍的效果。

6. 统筹安排，劳逸结合

圆圆日记

> 　　上完上午的辅导课，中午陪同学在外面吃饭，吃完饭马上又赶回上辅导课的地方。中午时间本应该休息的，但没地方躺，趴课桌上睡实在不得劲儿。既然没法休息，我们索性写起了作业。记得以前在老校区上学的时候，那时我们也经常为是趴课桌上午休还是写作业而犹豫不决。现在我们搬到了新校区，有午休的宿舍，中午休息得好，下午上课就有精神，感谢学校给我们提供了优雅舒适的学习和生活环境。

爸爸的寄语

　　学习要讲求方法和效率，不能死学。要充分利用好课余时间，根据需要统筹安排好每天的学习任务，什么时候预习新课，什么时候温习旧课，什么时候通过做练习巩固所学，什么时候通过钻研难题拓展学习视野和深度，心里要有数、有底，做到统筹安排、劳逸结合，尽力争取最佳学习效果。暑期天气炎热，人容易犯困疲累，需保证充足睡眠，为此晚上不要耍得太晚。晚上没睡好，可适当延长午休时间。中午休息好了，下午学习就有精神头。精神头好，头脑清醒，思维活跃，思考问题就通畅，学习效率就高。对此你兴许早有体会。现在学校为你们提供午休宿舍，环境十分优雅舒适，要好好珍惜并充分利用好现有条件设施，养成按时午休的好习惯，别为了赶作业而牺牲午休时间。因赶写作业耽误午休，得不偿失，因为午休不好，下午就没精神，就会影响上课质量和学习效果。况且中午人容易犯困，并不是写作业最佳的时间，这时候赶写作业，作业质量有待验证。

合理安排学习时间，充分利用好学习时间，是提高学习效率的前提。而只有合理安排好休息时间，充分利用好休息时间，才能提高休息质量，养精蓄锐，为接下来更好地学习奠定基础。如果因为客观条件、突发事情或身体不适，耽误了休息时间，影响了睡眠质量，要记得及时进行调整，把不需要马上完成的任务暂时先放一放，想方设法挤出更多的时间来休息调养。休息调养的方式有多种，利用课间闭目养神是一种休息；学习累了的时候换换脑筋，适当锻炼活动一下，也是一种很好的休息。除了要合理安排好休息时间，充分利用好休息时间，还需合理分配学习任务，调节好学习节奏，让学习有序、高效地进行。学习没头绪，节奏很混乱，学习质量和效果就好不到哪里去。从某种意义上来说，这也是开发智力、提高逻辑思维能力的需要。会学习且成绩拔尖的孩子，必定是头脑灵活、思维清晰，懂得调节学习节奏、合理分配学习任务、充分利用学习时间的学生。

那么，如何才能做到合理分配学习任务呢？著名数学家华罗庚写过一篇《统筹方法》的文章，用一个非常典型和形象的烧水泡茶的生活实例，道出了统筹方法的重要性，值得我们好好学习、借鉴。统筹方法就是全局把握任务，统筹安排任务，用好了它，可节约时间，提高学习、工作、生产效率，避免窝工。它不仅是人们在日常生产、生活中广泛使用的方法，也是学生学习中经常使用的方法。比如，一周的学习任务有多项，既有英语、语文、数学学习任务，又有其他科目学习任务；既有预习新课任务，又有复习旧课任务；既有数学练习题作业，又有英语单词背诵作业。怎样合理安排学习任务，是先完成一个任务再进行下一个任务好，还是将多项任务统筹安排、穿插进行好？通过实践你会发现，前一种方法显得很呆板，会浪费时间，学习效率不高，学习效果不好，而后一种方法却正好相反。你会发现，一天中的不同时间段，人的体能精力、精神状态、头脑灵活度会发生微妙的变化，什么时间段适合哪种科目的学习，有一定的讲究。一整天都在学数学，或一整天都在学英语，会感到很疲累，学习效率和学习效果会大打折扣。

研究表明，一天当中有四个学习黄金时间段。第一个阶段是早上七点至七点半，经过一晚上的充分休息，这时候人头脑最清醒，记忆力最强，适合背诵语文名篇名句、英语单词、数学公式等需要强化记忆和反复记忆的知识点。第二个黄金时间段是上午九点至十一点，这时候人精力最为充沛，思维很活跃，逻辑思辨能力很强，适合从事难题的破解、学科难关的攻克、学习"瓶颈"的突破，以及查漏补缺，有的放矢地巩固提升已学知识等。第三个黄金时间段是下午三点至五点，这段时间人的逻辑思维最清晰，适合进行和逻辑思维相关的理科科目的学习，以及文科综合性、总结性的学习，包括学科知识点的联系脉络图的构建、知识内在逻辑规律的归纳、学习经验的总结等。第四个黄金时间段是晚上睡前四十五分钟，这时候适合背诵重要知识点，温习当天所学知识，可刺激、唤醒、强化大脑的记忆，起到对知识的消化吸收、温习巩固之效果。

当然，方法虽好，建议虽好，不顾实际情况生搬硬套，也是不行的。生搬硬套，是对好方法的误解歪用。合理安排学习时间，合理分配学习任务，并不是说照着条条框框、不分时间场合地死磕到底，而是要根据实际情况和现实条件灵活把握。如果情势不允许，经过努力改善，条件仍不适宜，有些学习任务是没法正常或好好进行的。比如，早上七点至七点半是学习黄金时间段，但这时兴许你刚好在吃早餐，或匆匆奔走在上学的路上，没法安心学习。有的同学喜欢"争分夺秒、见缝插针"地学习，吃饭时抱着书本看，上洗手间时抱着书本看，上学路上也抱着书本看。这种勤奋学习的精神可嘉，但学习效果不一定好，做法并不值得我们借鉴效仿。那样不光会对视力、肠胃健康造成不利影响，还存在很大的安全隐患。俗话说"一心不可二用"，一边做其他事一边学习，可能两样都做不好。所以，要想把好的学

习方法真正用到好处、落到实处，还需根据情势需要和随
时都有可能发生变化的现实情况，及时调整学习时间和学
习任务。

7. 学习得找窍门，别硬来

圆圆日记

> 昨天干劲儿十足，把该做的作业一口气写完了，今天作业少，有空玩儿。嘿嘿，爸爸说得对，要劳逸结合嘛。
>
> 白天玩得很开心，晚上却过得并不轻松，整整画了两个多小时的电路图，好不容易有了一点兴趣，很快就被复杂的电路给搅没了。当然，画了这么长时间的电路图，也不是没有一点收获和长进。我在画图的过程中，一直在琢磨老师教给我的方法，三琢磨两琢磨，就开窍了。我把笔尖想象成一只勤奋的蚂蚁，在纸上嗅来嗅去，爬来爬去，不知不觉，就画出了一个电路图。这让我感到很神奇，恍然悟得了一个道理：学习得找窍门，找到了窍门，就像忽然打开了一扇明亮的窗户。

爸爸的寄语

爸爸前面说过，物理学中的电学内容很抽象，涉及的微观粒子、微观现象，看不见、摸不着。不过，我们可以用很多种方法，把它形象化、直观化，比如电学科教片，可利用先进仪器将微观粒子、微观现象放大成清晰的图像，或用模拟动画对其运动方式、运行轨迹，进行逼真的图解、演示，使抽象的事物变得很直观、很形象，这样学习起来就容易多了。当你感觉课本内容太抽象，实在搞不通、理解不透的时候，不妨尝试用看科教片的方式来加深对课本内容的理解。有些物理学知识很抽象，电子、中子、质子等微观粒子，虽然肉眼看不见，但它们是真实存在的。学习这些内容时，要充分发挥自己的想象力，按老师的描述，把对应的实况在脑海中勾勒出来，脑子里要有图、有景，而且要随着你的想象不停地变化。把抽象的知识变成脑中形象的图景，听课时需要这样，做题时也需要这样。画电路图，就是把脑中勾勒的图景落在纸上，看到它，就犹如看到电子运动的真实场景。这样就为之后对它进行科学的运算，为灵活地把控它、应用它打好了基础。

你说，在画图的过程中，一直在琢磨老师教给你的画图方法，三琢磨两琢磨，就开窍了。这一方面说明老师教给你的方法很重要、很实用，需要牢记。另一方面，老师教授给你的许多知识大都很抽象，只有通过实际应用和反复练习，才能逐渐领会和掌握，最终为你所有，为你所用。有的同学考完试后经常发出这样的感叹：哎呀，那道题的解题思路和方法老师早给我们讲过，我怎么就忘了呢。之所以出现这种情况，就是因为这些同学没有真正领会和掌握老师教授的解题思路和方法，不能信手拈来，熟练应用。有的同学满足于对知识的一知半解，做题浅尝辄止，虽然能大体理解老师教授的知识、方法，但真正应用它时却左支右绌，经常卡壳。这主要是因为练习做得不够多、不够扎实、不够深入。做练习不仅能促使学生深入领会和掌握老师教授的知识、方法，还能促使学生从中发现新的问题，开拓新的思路，提高逻辑思维能力和应对随时变化的复杂问题的能力。

你说得没错，学习得找窍门，找到窍门，就像忽然打开一扇明亮的窗户，就像忽然发现一条通达高峰的捷径，让学习的路途和前景变得十分光亮、明朗，让你的信心和勇气变得更足，让你前行的步伐变得更坚定。利用窍门，有时你可以轻松解决学习中遇到的困惑和问题。利用窍门，你可以提高学习效率，把学习推向深入，更快捷、更清晰、更全面地认识知识所揭示的事物本质和内在规律，做到灵活熟练地把握它、应用它，而不是像东汉史学家、文学家班固在《汉书·扬雄传》中所说的"知其一未睹其二，见其外不识其内"。当然，老师教给你的窍门，并不是放之四海而皆准的，有些窍门是通用的，适用于每个人，有些却只适用于一部分人或极少数人，没有一定的基础和经验，没有一定的知识储备，没有一定的逻辑思维能力，不一定能掌握和用好它。比如，攻克奥赛难题的窍门，不一定适合普通学生学习和掌握，学习物理的窍门不一定适用于学习数学。学科特点有别，个人情况有别，适合别人的窍门不一定适合你，但你自己在实践中摸索出的窍门，一定适合你。要想把别人的窍门变成自己的窍门，也需要在实践中不断地摸索、领悟和打磨。

谈完学习方法，再谈下"劳逸结合"的话题。爸爸说过学习要劳逸结合。你可能没有真正领会爸爸这话的意思，学的时候使劲学，玩的时候使劲玩，一玩就是一白天，一学就是好几个小时不停歇，这哪是劳逸结合，分明是劳逸无方、张弛无度嘛。爸爸所说的劳逸结合，是指合理安排学习和休息时间，学习和休息相结合，既要努力学习，也要适当休息，既要学习好，也要休息好，做到张弛有度，该紧张的时候紧张，该放松的时候放松。过度紧张和疲累不仅影响学习效果，也会有损身体健康。你刻苦学习的精神可嘉，但一学就是好几个小时不停歇的辛苦样子，爸妈看了很心疼，怕你吃不消、身体撑不住。这些道理你也许早就明白，只是不愿被爸妈的说教和管束禁锢个性、束缚手脚，故意拿爸爸的话当由头，和爸爸要调皮闹着玩，故意把事情夸大化，又不想让爸妈抓住明显的把柄。又或许你听惯了爸妈的唠叨，对爸妈苦口婆心的劝说有些腻烦，满不在乎，不拿它当回事，听时心不在焉，做时浮皮潦草。凡此种种，彰显了你机灵活泼、坚韧勇敢的一面，即敢于挑战权威，敢于表现个性，敢于逆向思维，能朝着自己认定的目标坚持不懈地努力。在学术研究中，这样做往往能另辟蹊径，发现、揭示他人容易忽视的问题，取得出人意料的研究成果。同时，这也暴露出你心浮气躁的一面，即做事不踏实、不认真，明知怎样做更好，却不愿付诸行动，仍依自己的性子和固有习惯来。既然知道了自己哪方面做得还不够好，以后就应当多加注意并努力改进。

8. 每个假日，都是进步好时机

圆圆日记

> 暑期不知不觉已过去大半，由于临近开学，我决定调整下学习计划，这周一和周三各增加一节课，用来预习物理新课内容。天啊，想想就觉得好累。不过，能多学点知识，累点也是值得的。Fighting!

爸爸的寄语

看你现在写的日志，似乎仍停留在小学三四年级的水平上。对于写日志的好处，以及怎样才能写好日志，我以前跟你念叨过多次。希望你好好琢磨一下我之前跟你说的话，好好看一看我写给你的寄语。今天你说了一下学习物理新课的情况，你说由于学习计划变更，这周一和周三各加一节物理课，想想就觉得好累，但能多学点新知识，累点也是值得的。你说得没错。只有端正学习态度，明确学习目的，懂得知识来之不易，才能坦然面对学习中遇到的各种艰难困苦。学习是为了什么，是为了丰富知识，为了增长见识，为了充实和提高自己。学习时抱有什么样的心态，会直接影响学习的最终效果。好心态催生好效果。对知识的不断渴求、不懈求索，就是一种好心态。北宋文学家苏轼有句诗"腹有诗书气自华"，意思是说胸中有学问，气质自然就会光彩照人。此话道出了学问对人的积极影响。知识不怕多，学问不怕深，你掌握的知识越多，学问越深，你的气质就越好，你的素养就越高，你的能力和人格魅力就越强。为了多学点知识，苦点累点算不了什么。

当然，吃苦也是有讲究的，不是什么样的苦都是值得吃的。我们说学习不要怕吃苦，是说学习中遇到艰难困苦时，要勇敢地去面对、积极地去应对，尽量以最小的付出争取最大的成绩，尽量以最小的代价换取最大的成果。这并不是说吃苦要不顾及自身承受能力，并不是说一定要以牺牲身体健康为代价。身体是革命的本钱，拥有健康的体魄，你才有精力、有能力去做成并做好某件事。学习同样以健康体魄为基础，不能拿健康赌明天，不能为了盲目赶学习进度而连续熬夜，这样做是极不可取、得不偿失的，对身体健康非常有害。有的同学喜欢过先紧后松的假期生活，也就是先拼上几天，把该预习的新课一股脑地预习完，把该做的作业一股脑地做完，然后尽情地玩耍。还有的同学一到休息日便没心思学习，只想着玩耍，直到开学才猛然发现，还有很多该预习的新课没有预习，还有一大堆作业没有完成，于是手忙脚乱地熬夜赶写作业，实在完不成就浮皮潦草地敷衍了事，这样学习的效果可想而知，而且还有损身体健康。你也不同程度地存有这种情况。避免和克服这种情况的有效方法，是拟定可行的学习计划，对学习时间有个总体的把握，安排好每周和每天的学习、玩耍时间，避免任务扎堆、作业扎堆。光有计划还不行，还需认真执行、按时完成。如果没有特殊原因,尽量不要随意调整变更计划。

总的来说，你们的休息时间还是比较充裕的。你们可以充分利用节假日补齐短板，进一步充实和提高自己，还可利用假期拓展课外阅读，开阔视野、拓宽知识面，开展社会实践活动，积累和丰富生活经验，提高综合素养和能力，等等。开学后学习紧张，就没有这么多时间来专心做这些事情了，所以一定要好好利用假期时间，不要把时间白白浪费掉。时间如白驹过隙，转瞬而逝，有的同学过完假期，之所以连基本的作业都没完成，多是因为没有利用好这段时间，用大把的时间来疯玩、打游戏，却把该干的事情抛之脑后。有的同学甚至还抱有这样的念头和心态：假期就是用来放松心情，就是用来休息玩耍的，看到别的同学比自己玩得多，比自己玩得自由快活，心里就羡慕，就发痒，就不平衡，比别人少玩一点，就好像对不住自己、吃了大亏似的。这是错误观念在作怪，没有把心思用到正地方。恰恰相反，你比别人多学一点，少玩一点，就多一点收获，就少一点对宝贵时间的消磨和浪费。玩耍并不等同于休息，毫无节制地玩耍，不仅不会让人放松心情、好好休息，反而使人身心疲累，让人感到空虚。

第四章

会玩，和有节制地玩

1. 玩多了，"日子不好过"

圆圆日记

　　不知不觉放假的第一个星期就这样过去了。这一星期以玩为主，总结起来就是啥也没干。不过，从明天开始我就要每天下午学英语啦。如果再预习物理、化学新课程，估计接下来的一个月，我的日子不会好过啦。

　　今天下午本来打算去买辅导材料（既然没书，那么买本《全解》也凑合呀），但是由于我计划有误，电动车中途亏了电，我和爸爸还没买到书就被迫沿原路返回。后来爸爸自己坐公交车去新华书店，仍然没有买到书。现在我纠结的是物理需要预习，课本从我们这级开始改版，没法借书也买不到新书，这作业怎么完成啊？！

　　回家后我感觉很无聊，索性拿出数学作业，一口气做完四张卷子！过后我自己也很是惊讶。在做作业的过程中，我发现自己很"菜"，解应用题的时候，往往列出式子，但解不出数来，我也不知道为什么，兴许做题多了，就能悟出其中缘由吧。

本周作业完成情况：做了四张数学卷子，阅读了四篇英语课文。（战绩不佳啊！）

• • • •

爸爸的寄语

时间过得真快，不知不觉一周过去了。你说这周以玩为主，啥也没干。但接下来的学习任务变多，玩的时间变少，你因此而感叹"日子不会好过"。你以玩得多少、学得多少来衡量日子是否好过，不仅欠考虑，更不准确。爸妈并不反对你玩。适度地玩耍，可以放松心情。通过和他人一起玩耍，还可以学会团结友爱，提升人际交往能力。通过做富有意义、富有挑战性的游戏，还能开发自己的智力，增强集体荣誉感，培养上进心、责任心和勇敢精神。但长时间进行同样的玩耍，时间久了你也会感到没意思，心里空落落的不踏实。

爸爸认为，要问你玩得好不好，玩得有没有意义，除了看你玩得开不开心外，还要看你从玩耍中都获得了哪些好处，有没有虚度光阴、白白浪费时间。你玩了一周，总结起来却是"啥也没干"，这就不好了，说明你玩得很随意，不用心。现在的你，正处于学习知识、丰富壮大自己的关键时期，像一块干涩的海绵，只有充分施展吸力，充分吸收水分，汲取营养，才会逐渐变得丰润厚实起来。这周你只顾着玩，却没有好好想想怎样通过学习来充实提高自己，玩起来就没了节制，把其他该做的事抛之脑后，白白浪费大好时光，岂不可惜？

你说想提前预习一下物理新课内容，但因课本改版，一时搞不到新书和相关辅导材料，没法完成既定的学习任务。你学习物理新课的热情很高，但着急没用，得根据实际情况，适当地对学习时间进行调整。一时搞不到物理新书和相关辅导材料，可以先把它放一放，或者找本旧版书来看一看。估计改版后的新书内容变化不会太大，你先试着学一学也未尝不可，即便有些内容将来考试考不到，也不必惋惜遗憾。知识不怕多，多学一点知识，就增长一点见识，学习知识不单是为了应付考试，考试考不到，不代表将来用不到。

说实话，爸爸没少以文字方式评说你的学习，但从没当面对你唠叨，你的学习最终要靠你自己把握，爸爸只想默默地关注你，默默地提醒你，默默地支持你。希望你能理解、体谅爸爸的苦心。为了帮你搞到新书，爸爸跑了不少腿，你咋连句感谢的话都没有呢，这可不是有礼貌的孩子该有的表现啊。最后还想说说你的学习，你说解数学应用题的时候，经常遇到这样的情况：已经把式子列出来，却怎么也解不出数来。遇到这种情况不要慌，重新仔细审下题目，看解题思路对不对，看式子列得对不对，看解题步骤对不对，看每一个演算步骤是否准确无误。这样一检查，保准很快就能找到问题所在。

2.信守承诺，比玩更重要

圆圆日记

今天傍晚，我被爸妈搂着去商场买衣服。我早已跟同学约好去人民广场玩儿，到了约定时间，我人还在谷德商场。等我们从商场出来，天下起了小雨。爸妈开车带我路过人民广场，我想下车找同学玩儿，可我没有带伞，爸妈非让我回家拿了伞再去。我知道爸妈是为我好，怕我被雨淋着，可让我失约放别人"鸽子"，我又觉得非常不礼貌。这让我非常为难。后来我还是拗不过爸妈，乖乖地回了家。回到家已快晚上八点，等我赶到广场恐怕几个同学都走了，因此我就没有去。还好几个同学都很体谅我，没有过多地埋怨（怨）我，但我心里还是感到很对不起他们。当然，我也很理解和感谢爸妈，他们处处为我着想，我没有理由怪罪他们。

爸爸的寄语

"埋愿"应为"埋怨"。你为没能按时赴约而感到遗憾，同时也很理解和感谢爸妈的关爱。你爽约是有原因的，不是故意的，因此几个同学都很理解你、体谅你，但你心里仍感到愧疚和遗憾，觉得很对不住他们。其实生活中不尽如人意的事时有发生，屡见不鲜，没必要老把它挂在心上，纠结个没完。受客观条件限制和其他种种因素影响，有些事情最终发展的结果可能没有我们期望的那样美好，甚至还有点糟糕，惋惜慨叹之余，总有些许遗憾萦绕心头。有的缺憾能尽力弥补，有的却让人无能为力。把事做圆满，求个好结果，好多人都会这样想。但现实情况往往不容乐观，难遂人愿。只要你尽心了、尽力了，就行了，不必过分看重结果，不必为没有得到理想的结果而自责和内疚。有些所谓美好东西的遗失，未必都是"坏事"，因为"坏事"也会变成"幸事"。你因为没能按时赴约而心存遗憾，但你因此而避免了被雨淋，也是值得庆幸的。

爸妈一向不反对你玩耍，对于你合理的玩耍要求，都会尽量满足你。即便今天天气不好，也没有强硬地阻止你，而是劝你回家拿了雨伞再去。爸妈知道，适度地玩耍，可帮你调节情绪，放松心情。和同学一起玩耍，一起完成富有挑战性的游戏，可锻炼和提高你的人际交往能力，做到和人友好相处，团结友爱。和同学交流心得，互相学习，还能增长见识，开阔眼界。有的家长一听孩子要玩就直摇头，把孩子的玩耍看得和洪水猛兽一样可怕，老担心孩子玩物丧志，因为玩耍耽误了学习，耽误了大好前程，动辄粗暴地制止或打断孩子的玩耍行为、玩耍过程，甚至限制孩子的人身自由，这是极不理智、极不妥当的做法。爸妈不会那样做，但今天我们也有做得不对的地方。说话算数，信守承诺，是好品行的表现，你特别在乎它，把它看得比玩还重要。我们低估了它在你心中的分量。爸妈应该尽量满足你正当的玩耍要求，尽量帮你兑现承诺。我们老觉得你玩耍，不如给你买衣服重要，没有把你要去广场和同学玩的事当回事，把它记挂在心上。要是把它当回事、记挂在心上的话，我们会时不时地提醒自己，尽量缩短逛商场买衣服的时间，以便准时送你去广场和同学碰面。

仔细想想，你今天因故没能按时赴约，达成去广场和同学一块玩耍的心愿，但遗憾之余也并非毫无收获。我们能从这件事中得到平时容易忽视的启示，即信守承诺比玩更重要。适度玩耍有不少好处，除了前面提到的调节情绪、放松心情、提高人际交往能力等，还可以培养信守承诺等好品行，这远比玩耍本身重要得多。爸妈以前并没有注意到这一点，你虽然自觉地去做了，但可能也没有意识到这一点。如果能提前想到它，可能我们会做得更好一些，把事处理得更妥帖一些。这也给你们几个同学提了醒儿，为了使玩耍更有意义，在玩耍前，应该提早好好筹划一下，想想通过玩耍能达成什么目的，获得哪些好处，应该赋予玩耍哪些更有意义、更有意思的内容。玩耍过后，也要好好回味琢磨一下，通过玩耍你们达成了什么目的，最终收获了什么，还有哪些遗憾和不满足的地方，想想为什么会感到遗憾和不满足。通过认真思考你会发现，赋予美好目标的玩耍，赋予积极向上内容的玩耍，更容易焕发你们的激情，让你们玩耍的热情高涨，玩起来更有劲头、更加投入。你们会发现，有目的地玩，比随心所欲地玩，收获更多，心里会感到更加充实。

3. 把控不好，容易玩过头

圆圆日记

　　昨夜一直在下雨，今天早上雨总算停了，姥爷打来电话说老家那边雨下得特别大。因雨天路滑不好走，我们决定改天再回去。中午舅舅一家人来我们家吃饭，下午我们一起打扑克。到了晚上，四大娘也来我们家玩儿。家里一天都很热闹。我喜欢这种热闹的氛围。

　　今天我没按计划好的那样去学习、做作业，要说一点时间也挤不出来那是假的，主要是我玩起来就忘了学习，也没心思理会其他事了。

爸爸的寄语

　　家里难得来客人。为了招待好客人，你妈会做很多好吃的，陪客人吃好玩好的同时你可以趁机犒劳一下自己，感受一下和亲朋好友在一起时浓浓的欢乐气氛。暑假大部分时间，你一个人待在家里，连个说话谈心的人也没有，有时难免会感到沉闷和无聊。为了帮你解闷散心，爸妈会尽可能地找机会带你走亲访友，带你出去转转透透气。你自己也要尽可能多地参加户外活动，跟同学多联系、多交往，可以约几个同学打打羽毛球，逛逛公园，看看风景。放松筋骨、愉悦身心的同时，跟同学谈谈学习，说说收获，找找不足，比比进步，互相加油鼓劲。这样，等以后回顾假期生活时，你会感到很充实、很满足。

爸妈既不愿看到你将大把时光耗费在睡懒觉、上网玩游戏上，也不愿看到你整天闷在家里学习。暑假你有大把可自由支配的时间，一定要安排好、利用好这些时间，既要珍惜时光认真学习，抓住机会补齐短板，进一步充实提高自己，也要适当休息，适当活动，注重劳动、品德等其他方面的修养。如果觉得在家里学习缺少氛围，容易分心走神，不妨约同学去附近环境较为清静优雅的图书馆里学。和同学一起学习氛围好，有动力。可以和同学切磋学习方法，交流学习心得，及时发现和解决学习中遇到的问题。学习累了就休息一会儿，玩一会儿。玩起来也不要忘了学习，忘了其他该做的事——譬如力所能及帮爸妈干点家务活等。

你说得对，你今天没能按计划好的那样去学习、做作业，并不是因为挤不出时间，而是心思全放在玩上，没心思理会其他事。假期生活不像在校生活紧张有序，如果自律性差，就容易养成懒散的习惯。自律性的强弱，不仅会影响你的假期生活品质，对你以后的成长也会产生深远的影响。有的同学有梦想，知道该往哪方面努力，也知道该怎么去努力，但就是管不住自己，约束不住自己，吃不得苦，受不得累，空有美好愿望却懒于践行，或遇到一点困难就怕得要命，畏缩不前。成功没那么容易获取，往往需要抛洒很多汗水，付出很多努力，经受很多磨砺。然而这正是自律性差的人难以做到的。自律性差的人大都没毅力，没恒心，做事浅尝辄止，遇到挫折、困难就退缩，不能坚持拼力往前冲，很难在艰难困苦中取得进步，获取成功。

想必你不止一次听说这样一句箴言：贵在坚持，坚持才能胜利。人为啥不能取得胜利，因为不能坚持。为啥不能坚持，因为没有恒心和毅力。而之所以没有恒心和毅力，并不全是因为没有理想信念作支撑，更多的是因为空有抱负却缺乏自律，不能约束自己，在艰难困苦中坚持朝着美好的目标努力。努力需要长期坚持，需要用自律来提供源源不断的动力。坚持努力一天两天、一年两年并不难，难的是数十年如一日地坚持努力。有的同学经过努力考上名校，成为别人眼中前途无量的"学霸"，之后却隐匿于茫茫人海，不见其有什么过人之处，也不见其有什么骄人业绩。其之所以如此，多是因为没有坚持努力，获取一次成功后没有持续发力，去争取更多更大的成功，最终被持之以恒的人超越并远远地落在后面。

综上可知，自律对一个人来说是多么重要，不论什么时候，都需要保持自律。

4. 电子产品既诱人又烫手

圆圆日记

今天一早我们回了老家，好久不见姥姥、姥爷，真的很想念他们。姥姥身体不好，患有类风湿病，怕冷怕湿怕见风，连开着风扇的屋子也不能进。希望姥姥的身体快点好起来。这样，妈妈就不用整天担心和挂念她了。

老家没网络，没法上网。在家不想写作业，回到老家后，一时没事做，反倒安心写起作业来。我用了不长时间，就把物理、化学作业写完，比在家写作业效率高多了。看来要想认真写作业，提高学习效率，身边就不能有电子产品，只有这样才不会分心。

• • • •

爸爸的寄语

"要想认真写作业，提高学习效率，身边就不能有电子产品，只有这样才不会分心"，道出了好多老师、家长和学生的心声。有的中学明令禁止学生带手机到学校，就是怕学生痴迷于玩手机而影响学习。有这样一幅古今对比图，上部是一个晚清形容枯槁的抽大烟男子，歪着身子蜷缩在榻上吞云吐雾；下部是一个新时代瘦削年轻男子以同样的姿势，木然地歪躺在床上玩手机。画面相当有震撼力，警示人们如果使用电子产品不当，就会和抽大烟一样危害深远，可使人精神颓废、身体垮掉。我经常见你一边上网听音乐，一边做作业。这样能做好作业吗？爸妈多次提醒过你，不要一边上网一边做作业，或一边吃东西一边做作业。那都是不好的习惯，不仅不利于学习，还会影响你的视力和胃肠功能。不要老是满不在乎。

如今的电子产品，尤其是智能手机，功能越来越强大，界面越来越友好，给人们生活带来了很多便利，极大地满足了时下人们对快餐式文化娱乐的需求。它犹如人的全能助手，好多事都可以通过它来完成，既可以用它打电话，发短消息，拍照录视频记录生活点滴，还可以通过它浏览时事新闻，及时了解世界动态，用它听音乐，看小视频，查询资料信息，随时和人交流聊天，甚或谈业务做生意等。它虽然用处多多，好处多多，但毕竟不是万能的，也存在这样那样的弊端。人们通过它获取的信息多是碎片化的、纷乱的，缺乏条理性、系统性和完整性，往往看了半天，大脑仍模糊一团很混乱。智能手机的功能虽然强大，但它带给我们的并非全是美好的有益的东西，对学生学习更无多少益处。学生的主要任务是学习，如若沉迷于上网玩手机，不仅会影响学习，虚度大好时光，还有可能损伤身心健康。

　　电子产品如同一把"双刃剑"，全靠人们把玩拿捏，用好了它会光彩焕发，用不好它就黯然失色。爸妈并不反对你上网，但一定要有节制。暑期有时你一个人在家待久了难免烦闷，可以适当上网玩会儿调节放松一下，但不可沉迷其中，把其他该做的事抛之脑后。爸妈知道你是个懂事的好孩子。相信你一定能管好自己。自律是一个积极向上的人理应具有的基本素质和优良品质，也是其获取成功的关键和日渐强大的缘由之一。有的孩子天生聪慧，但缺乏自律，管不住、约束不住自己，不能充分发挥先天优势，把心思和聪明劲儿用到正地方；不能专注地学习或做事，经常经不住各种玩乐享乐的诱惑而分心走神，这是导致其学习成绩不稳定、做事有头无尾的重要原因。电子产品的普及大大改善了人们的生活品质，同时，也为人们玩乐享乐提供了极大的便利，这对自律性差的孩子无疑有着极大的诱惑力和杀伤力。

如今好多青少年手机不离手，整日沉浸于手机圈定的自我世界里，早已成为司空见惯的现象。他们白天玩，晚上玩，吃饭时玩，走路时玩，躺床上休息时玩，上洗手间时玩，跟亲朋聚餐时玩，在大马路上骑车时玩，生病了挂着吊瓶也在玩。手机束缚了他们的五官和腿脚，拉大了他们与其他人之间的距离，也拉大了他们与现实世界的距离。坊间曾流传这样一句话：我在你身边，你却在玩手机。有人甚至下过这样的结论：要想毁掉一个孩子很容易，给他（她）一部智能手机，让他（她）尽情地玩就行了。电子产品诱惑力和杀伤力之大，可见一斑。为防止孩子深受其害，有些不理智的家长，索性粗暴地把孩子用的电脑和手机砸烂摔碎，这样做解决不了根本问题，只会激化亲子矛盾，使亲子关系更加紧张，甚至会导致孩子做出更加过激的举动。耐心地跟孩子讲清利害关系，让孩子意识到沉迷其中的危害，主动远离不良网络和游戏，自觉控制上网玩手机的时间，才是最为妥当的解决问题的办法。

现在我们身边不光有迷人的电子产品，还有诗和远方，还有更多更美好的东西。先进的电子产品帮我们打造了一片多姿多彩的虚拟乐园，同时，也让我们远离了鲜活生动、赖以生存的真实世界；它给了我们许多美好的东西，也让我们失去了更多美好的东西。它给予我们的远比剥夺走的要多。说实在话，虽然爸妈也明白这个道理，但有时也不能很好地控制自己，魂儿也经常被电脑、手机等勾走，玩电脑、玩手机一玩就是好几个小时，经常沉浸于虚拟世界里而不能自拔，把大好时光白白浪费掉。往往玩了半天才突然发现，其他好多该做的事都没顾上做。而从虚拟网络中获取的并不全是有益的东西，还有许多杂乱的没多少意义的信息。脑中塞满了信息，心中仍感到空落落的。之所以如此，是因为多数时候我们仅把电子产品当成娱乐工具，通过它攫取到了太多虚幻的无用的东西。以后咱们要互相提醒，互相监督，互相加油，非必要少碰电脑和手机，一起努力克服这个让人头疼的难题。

5. 玩耍如调弦，松紧应适度

圆圆日记

终于，一周的课上完了。真幸运啊，还能过双休日，前几天没啥机会玩，这两天我想好好玩一玩，玩个够，嘻嘻。

爸爸的寄语

今天你日志写得很短，只写了两句话，明显是在应付了事。你常跟我念叨，说日志没的写。记流水账吧，又觉得没大意思。为啥没的写，因为你耐不住性子，静不下心来，也懒得动脑筋思考。其实静下心来仔细想一想，还是有很多东西值得写的。比如，你上完一周课程后，是不是应该好好回想、总结一下，这些天你都学了哪些新知识，有没有学透、掌握牢，还有哪些意料之外的收获，等等。通过认真回想和总结，你可以找到最近一段时间学习中存在的短板、不足，明确接下来努力的方向。你倒好，像关在笼子里的小鸟突然挣出来一样，只想到疯玩。看来爸爸跟你反复念叨的"劳逸结合"几个字，你并没有真正领会个中要义，并没有把它放在心上、记到心里。人的精神如琴弦一样，绷得太紧、太久，会断、会崩溃，需要及时调节、适当放松，以保持其张力、活力，避免因过度疲乏而劳损。然而弦放得太松也不行，松松垮垮，无法发挥应有的活力、张力，很难弹奏出美妙的音符、乐章。

可能是前几天你学习任务比较重，精神一直处于绷紧状态，有些疲累，等课上完，突然松了一口气时，才不由得发出这样的感叹：真幸运啊，还能过双休日，前几天没啥机会玩，这两天好好玩一玩，玩个够。读书学习累了，适当放松、休息一下，很有必要，但要把握好分寸和尺度，切莫放松过了头、玩耍过了头。弦绷得紧了，适当放松一下，需要演奏时，只需稍稍调节一下，就能让它回到最佳状态。而如果弦放得太松、太久，再把它拉紧到合适的位置、调整到最佳状态，就不那么容易了。周一第一课，老师对学生说的最多的一句话是：把心收一收，该好好上课学习了。老师之所以这样说，就是因为不少同学周末玩儿得太野，放松过了头，周一上课后，心思仍像脱缰的野马在旷野上乱窜，精神仍像无根的浮萍随波漂浮游荡，人虽然端坐在课堂上，心思却不在学习上，精神也集中不起来。这种状态往往要持续一段时间才渐渐有所好转。而自律性强，在校和假期学习生活都很有规律的同学，却很少出现这种情况。假期需要由学生自主支配把握的时间比较多，把握好、利用好了，对于磨炼学生自主学习能力、增强学生自律性大有裨益，而把握不好、利用不好，则正好相反。

学习好、表现好的同学，其自律性保准也差不了。你现在已经是中学生、大孩子了，对于学习是为了什么这个问题，以及怎样端正学习态度，应该有个明确的认识，不能老把学习当成别人强加给你的任务来完成，多学一点，少玩一会儿，就像吃了大亏似的，因为上课耽误了玩耍，就惦记着再补玩回来，这样不好。关于学习的目的这个话题，爸爸曾在别的寄语中跟你详细地探讨过，你可以好好琢磨一下，看我说得有没有道理，这里就不多说了。回到玩耍这个话题。虽说适当的娱乐对你来说也是必不可少的、极富意义的，但学习毕竟是你目前的主要任务，尽量不要因为疯玩误了学习，只有趁青春年少，尽可能多地学习和掌握丰富的科学文化知识，将来才有可能成为有用之才、栋梁之材。

老话说得好，"少壮不努力，老大徒伤悲"。现在是你丰富和壮大自己的关键时期，是你学本领、练本事的关键时期，就像小鸟一样，先把翅膀练硬，到时才能自如地翱翔于蓝天。当然，学习累了，适当放松一下无可厚非，但要记住放松不能过头，别玩着玩着就把其他该做的事都抛之脑后。

第五章

懒散再顽固，也要克服它

1. 好习惯，靠自律来养成

圆圆日记

　　为了按时上辅导课，我今天六点二十分就起了床，很久没有这种大早上爬起来去上课的体验了。早上懵懵懂懂地爬起来，还以为是正式开学，要穿校服呢。

　　上午上的是化学课，第一次接触这门学科感觉非常陌生，即便之前已经预习过。课上，老师给我们讲解了什么是化学，以及怎样学好这门学科，后者应该对我开学后的学习有帮助，而前者则使我更好地理解化学，也有利于我今后的学习。

　　下午应该上物理课，因为老师的行程有变而取消，延期到后天再上课。这正好给了我们预习的时间。我暗下决心一定好好学习，课程已经开始，我没有退路，只能全力以赴。

爸爸的寄语

　　暑假里你养成了懒散的习惯，作息没有规律，晚上睡得晚，早上起不来，突然要早起上课，你当然会感到不适应。身体懒散了，精神也会跟着涣散，以至于整个人像散了架一样，提不起劲头，打不起精神。而如果你一直保持早睡早起的习惯，一直保持张弛有度的学习状态，一直保有旺盛的体力和活力，就不会因为作息规律、学习状态突然改变而着慌。你说虽已预习过化学新课内容，听老师讲课时仍感到很陌生。你之所以感到很陌生，初次接触化学这门新科目是原因之一，还有一个重要原因是你一时很难改变懒散习惯，一时很难找回"正常上课"的感觉。在校正常上课，听老师讲授新课程时，你是否也有这种陌生感？我想是不会有的，即便有也不明显，不会像现在这样强烈。

　　保持良好的作息规律，不仅有利于学习，也有利于健康。一旦发现作息规律失调，就当及时进行调整，由于你以前在这方面有过长期的磨炼和积淀，经过适当的调整，你不用太费力，就能把遗失的"好感觉""好状态"找回来。当然，如果你不能及时调整作息规律和学习状态，放任自己"迷乱"下去，逐渐养成懒散的不良习惯，再想改正回来是不容易的，需要付出很大的努力和代价，不花个十天半月甚至更长的时间，是很难把坏习惯改掉，把好状态调整回来的。既然不良习惯一旦养成就很难戒除，平时就当引起注意，自觉地远离它、克制它。你不在乎它，不克制它，它就会悄无声息地缠着你，拖你的后腿，像温水煮青蛙一样，慢慢地让你陷入不好的境地。

假期里有些同学之所以容易养成懒散的习惯，主要是因为放假后没有太多的压力，人比较轻松自由，不必像在校时一样踩着点儿上课，掐着时间按时完成作业，像陀螺一样转个不停。家里没有老师的管教，没有紧张的学习环境和氛围，没有班规校纪的约束，只有爸妈没完没了的唠叨。而爸妈的说教因掺杂太多的疼爱成分，大都显得绵软无力；有时也会因说不到点子上或重复次数太多，让孩子感到腻烦。孩子知道不理爸妈的唠叨，不听爸妈的话，一般不会带来什么明显后果，所以喜欢撒娇耍赖或阳奉阴违，爸妈往往看得很明白，却很难采取更有效的措施对其加以约束。对于爸妈发自本心的疼爱和关心，好多时候孩子并不领情，喜欢由着自己的性子行事。爸妈的唠叨既然很难见效，那凡事只能靠孩子自己来把握。如果孩子缺乏自觉性，自我约束能力差，就容易因贪图玩乐而放纵自己。

缺乏自觉性的孩子，管不住自己的孩子，意志力薄弱的孩子，不能专注做事的孩子，将来很难有所成就。总的来说，你算是有自觉性的孩子，你能给自己设定奋斗目标并要求自己努力完成，也很听爸妈的话，但爸爸上面说的那些"毛病"，比如"懒散"，你身上也不同程度地存在。你的自觉性还不够高，自我约束能力还不够强，不太注重平日的修养，不大注重生活学习细节，虽有大的计划和目标，却不能坚持把它落实到每日的具体行动中。要知道，没有平时的努力，没有平时的积累，是很难实现大的计划和目标的。上中学是这样，将来上了大学，参加了工作，踏入了社会，也是如此。明白了自己还有这些不足，就当努力改进它。让爸爸颇感欣慰的是你有志向，有上进心，虽然有时也会管不住自己，但并没有偏离太多，只要你及时加以调整，相信一定能克服不足，变得越来越理性、沉稳和坚强。

2 挖挖日志里的"偷懒苗头"

圆圆日记

今天下午跟妈妈一起去买衣服，妈妈说适合我这个年龄段女孩穿的衣服不好买，既不能选"显老""显成熟"的衣服，又不能选"显嫩""显幼稚"的衣服。不管怎么说，还是非常感谢妈妈，为了帮我买衣服，陪我逛了那么长时间。

爸爸的寄语

你这篇日志写得也很短。实际上，你今天有很多可写的东西，比如天气如何，心情怎样，还有买衣服的详细过程和感受，都可以写进日志里。妈妈说适合你这个年龄段女孩穿的衣服不好买，既不能选"显老""显成熟"的衣服，又不能选"显嫩""显幼稚"的衣服。这话说得很有道理，可谓经验之谈，是从生活实践中总结出的朴素哲理。有句俗语叫作"人靠衣裳马靠鞍"，意思是说得体的衣着服饰能给人增添美。又说"爱美之心人皆有之"，人人都有颗爱美之心，衣服穿得得体、舒适、漂亮，可增添人的美感，提振人的精气神儿，不仅能愉悦自己，也能愉悦他人，让他人"赏心悦目"。然而，穿什么样的衣服才显得得体，才给人"增美"，又很有讲究。不同年龄、样貌、体态的人，适合穿的衣服又各不相同。商场衣服颜色、款式有很多，有的人挑了半天，却很难挑到一件适合自己的、满意的衣服。正如你，想从上百、上千种衣服中，挑选出一件适合你年龄、适合你秀美体态、适合你这个年龄段女孩朝气蓬勃青春气质的衣服并不容易。你应该好好琢磨一下为什么会这样，不妨把你的感想和思考写进日志里。生活中有很多道理值得我们好好研究，只有将它研究透，应用起来才能得心应手，才能有助于改善我们的生活。

写日志无疑会伴随思考，思考可以让我们领悟道理，让我们眼明心亮，让我们活得更明白、更洒脱，路走得更自如、更坚实，这跟学习的过程是一样的。我曾跟你讲过写日志的重要性，通过写日志不仅能让你领悟很多道理，还能锻炼并提高你的思维能力、想象能力，提高你的写作能力、作文水平。这一点你并没有引起足够重视，对爸爸的说法充满怀疑，尤其不相信写日志能提高作文水平，认为即便去认真写了，到时作文水平也不见得能提高多少，何苦为了一个不确定的目标去费心思、费脑筋，忍受长时间的煎熬！认为日志没必要用心写，作文不用认真学、认真练，只要考语文时作文不扣太多分就行了。不少同学都抱有你这种想法。通过写日志提高思维能力，提高写作能力和作文水平，是一个漫长的积淀过程，不会那么快就见效。正因如此，有些同学才抱有侥幸心理，试图通过掌握简单的形式、技巧来提高作文水平，认为阅卷老师不会看得那么仔细，只要按照套路把作文开头、结尾写清楚，把中间想表达的意思逐条列清楚，文中只要不出现明显的硬伤，一般都能拿到个不错的分数。

实际上，作文测试是对学生语文整体水平的集中检验。作文在语文试卷中占有很大的比重和分值，这足以说明它的重要性。语文学得好的同学，写作能力、作文水平保准也差不了。写好作文跟学好语文并不矛盾。一个连常用汉字都不会灵活应用的学生，其作文水平保准也高不到哪里去。同样，作文写不好的同学，其对语文基础知识的掌握保准也好不到哪里去。语文是一门基础性学科，有着广泛的应用前景，是学好其他学科的基础。我们学好它，是为了更好地应用它。有的同学对其他某门学科很感兴趣，能深入地钻研学习，但有了新奇的发现、独到的见解、丰富的学识，却不能很好地用语言文字把自己的所学、所感、所想准确地表达出来。之所以如此，就是因为语文学得不够好、写作能力不够强、作文水平不够高。语言表达能力、写作能力是一项很重要的技能，用途很广，不仅你现在的学习用得到它，将来也会用到它。要提高这种能力，需要长期练习，需要慢慢积累，需要不断摸索，没有捷径可走，以为上几节作文课，就能参悟写作的窍门，就能得心应手地写作，是不现实的。你很佩服爸爸的写作、创作能力，岂不知，爸爸也是经历了数十年坚持不懈的学习、磨砺、积淀，才有了现在的一技之长，才取得了可观的创作成绩。

学习如逆水行舟，不进则退，只有坚持不懈地努力，方能稳步前进，写作也是这样，几天不练就会感到手生，长期不练能力就会慢慢退化，一落千丈的可能性也不是没有。所以你不能因为作文没有给你拖后腿，就不去练习作文、提高写作水平。这些年来，你的写作能力、作文水平到底长进了多少？是否还停留在过去的水平上？通过读你写的日志和作文，就能看出你语文学得好不好。日志内容写得是否通顺，标点符号用得是否准确，成语典故用得是否恰当，是否有错字和病句，是否存在逻辑和语法错误，字里行间无不折射出你对语文知识的掌握程度。你的写作能力、作文水平还有很大的提升空间，千万不要满足于现有水平而沾沾自喜。暑假时间比较长，你有足够的时间来写日志，等开学进入紧张的学习状态，能够静下心来写日志的时间就少之又少了。所以一定要珍惜时间，把握好假期难得的学习提升机会。

3. 每一次点滴积累，都至关重要

圆圆日记

今天我开始做英语作业。今年暑假英语老师和语文老师早就商量好了似的，没布置语文读书笔记，却布置了英语读书笔记。写读书笔记应是多数同学最不想做的作业之一。写读书笔记，就像是在机械地重复做同一件事情，刚开始我还很有耐心，坚持一两个小时后就觉得非常枯燥乏味。还好这次英语读书笔记代替了语文读书笔记，二者相比来说，我还是比较喜欢做英语读书笔记，我从心眼里喜欢英语科目。虽然我已通过"WAT"英语考试，但我不能就此丢弃它，正好通过做读书笔记来进一步积累词汇，熟悉和强化一下语法和语感。哈哈。

今天是七夕节，祝老爸老妈节日快乐！嘻嘻。

爸爸的寄语

　　不管是做语文读书笔记，还是做英语读书笔记，都不能敷衍了事。因为你最终敷衍的不是老师，也不是爸妈，而是你自己。语文和英语是两门语言学科，想要学好并不容易，需要积累丰富的词汇，需要反复强化语感，需要反复地读、反复地写、反复地练，需要有"积土为山，积水成海"的耐性和热情。做读书笔记，是学好这两门学科的有效方法之一，既可以温习巩固旧学、强化语感，又可以学习新东西、积累新词汇；既可以起到复习的作用，又可以收到深入学习的效果。你做英语读书笔记时，之所以会感到枯燥乏味，主要是因为你把作业赶到一起做，短时间内写得太多。正常的写法应是这样的：广泛阅读，读到精彩处，读到让你心动处，读到陌生的词语或容易与其他词语混淆的词语，读到自己认为比较重要的知识点，及时把它们记下来，这样可以加深记忆，便于以后复习查阅。做笔记的过程，实际就是在温习巩固旧学的基础上学习新知识的过程，是学习语言学科必不可少的过程。如果仅仅是为了完成老师布置的作业，抱着一张英语报死抄，就很难达到这样的学习效果，那样非但提不起兴趣，抄不出什么新意，反而会让你感到非常枯燥乏味。

别说是你，即便是让一个对语言非常精通的人，机械地抄写他已经熟悉和掌握的内容，也难免会感到乏味。所以，做读书笔记不能泛泛而已，要抓重点，记难点，记需要加强记忆和容易弄混用错的字词语句，记新字词、新知识点，如果所读内容缺少这方面的东西，就需要把阅读面拓宽一下，阅读面宽了、大了、深了，可记可学的东西就会相应增多。英语老师、语文老师给你们布置读书笔记作业，是想让你们加强日常学习和积累，注重平时的阅读和训练，达到每日"温故而知新"的学习效果。你仅仅把它看作必须完成的作业，硬着头皮一股脑儿地把它做完，这样做显然背离了老师的初衷和要求，既不能收到老师希望的学习效果，也会让你感到很疲累、很枯燥、很乏味。既然做不好、学不好，并且把自己搞得很累，那又何必这样做呢？你现在之所以陷入如此尴尬的境地，究其原因是懒散这个不良习性在作怪。你明知怎么做才更好，明知有些学问需要日积月累地学，明知有些作业需要日日做、日日练，却懒得俯下身子认真去践行，不愿付出该有的努力和汗水，总想投机取巧，也不管学习效果如何，硬着头皮一股脑地做完了事。这样做作业，怎么能不乏味，怎么能不枯燥？

学习语言学科需要注重平时的点滴积累。英语知识面、阅读面拓展，不是花一两个小时就能完成的，不是随便找本书、找张报来抄一下就能做好的，不是拿出一两天时间突击一下就能达到预期学习效果的。积土而为山，积水而为海。学习知识同样如此，需要点滴积累，积少成多，由浅入深。要想学有所成，要想获取成功，每一次点滴积累都至关重要。认真思考和努力钻研，是点滴积累不可或缺的过程。想必你早有这方面的亲身体验，比如你做题时思考了很久，钻研了很久，仍然没有厘清头绪和思路，睡了一觉醒来，突然灵光一闪，就悟到了解题的方法。灵光不是凭空出现的，它是在你深入思考钻研的基础上，经过沉淀、酝酿、发酵，然后迸发出来的火花。学习知识不可能一蹴而就，成功也不可能一蹴而就。没有前面的积累就不会有后面的突破。先前的思考钻研虽然没有取得成果，但并非毫无用处，而是为最后的成功做铺垫、打基础。所以我们才说平时点滴积累很重要，一定要引起重视，一定要俯下身子认真去做，一定要下决心克服懒散这个毛病，努力把它落到实处，否则想法再美好，也是没大意义、没大用处的。

　　你可能会问，对于已经学得很好、掌握得很牢的知识，还有再学的必要吗？我认为是有必要的。所谓把知识学得很好、掌握得很牢，是一种不太确切的说法。知识不是孤立存在的，我们熟知的知识，往往与其他更新鲜、更复杂、更深奥的知识有着千丝万缕的联系。知识的深邃和浩瀚远远超乎我们的想象，我们学到的那些知识可能只是皮毛。就像你在做英语读书笔记时，总能碰到新单词，总能发现新问题。以往学得很好、背得很熟的课文，过段时间你返回头来重读，也会有不一样的发现、不一样的体会、不一样的感悟。这实际上就是一种知识积累、沉淀和升华的过程。随着时间的推移，随着你知识、阅历、见识的丰富，随着你学习能力、认知水平的提高，对待同一事物的看法和认知，也会有所提升，会比先前看得更深刻、更精准、更全面。之所以这样，就是因为你经过不断学习积累，学问变深了，看待和认识事物的能力变强了，能够挖掘和发现以前不能够全面深入洞察的知识。我们可由此得出结论：学无止境，知识积累的过程是不间断、循序渐进的。学习新知识我们会有新的发现和收获，温习旧知识也同样如此。因此，适当花点时间和精力"复习"旧知识也是很有必要的，跟学习新知识一样，这同样也是在积累和丰富知识。

学习需要点滴积累，做其他事情也需要点滴积累。我坚持业余文学创作数十年，逐渐养成了这样的写作习惯：对于篇幅不大的小短文，我可以专门拿出一个小时，或小半天时间来写，写完后先放一放，第二天或过几天再给它润润色，把不通顺的地方顺一顺，把不恰当、不合适的语句做下删改，使它逐步趋于完美；对于动辄数十万字的书稿和长篇小说，是不可能在短时间内完成的，有时仅酝酿和构思就需要花费数年时间。我暗暗提醒告诫自己不要急躁，有些活儿很浩繁很难做，你急也没用，只能慢慢来，只能耐着性子一点一点地去做，一点一点地去"啃"。要想做到这一点，没有恒心和毅力是不行的。我能保持多年早起创作的习惯，能创作出大量作品，靠的就是坚持不懈的努力，靠的就是久久为功的恒心和毅力。不论平时有多忙、有多累，我都坚持早起，天蒙蒙亮就爬起身，利用早上头脑比较清醒的时间来写点东西。我知道，创作大部头文稿，需要打持久战，不能一口就吃个胖子。写作是这样，你学习更是如此。暑期比较长，你可自由支配的时间很多，缺少了自觉性和自律性，就容易放任自己，逐步养成自由散漫的不良习惯。

你不注重平时的学习积累，把平日许多大好时光浪费掉，就不得不扎堆做作业，把本该多天完成的细活，急火火、粗粗拉拉地完成，那样肯定做不好。希望爸爸今天的寄语，能给你些启发，能让你警醒。

4. "生活没规律" 背后的因由

圆圆日记

最近我生活越来越没规律了，一天只吃了两顿饭。一顿是上午十点吃的，一顿是下午四点吃的，不知道这样下去对身体好不好，唉。

今天晚上，总算等到我的小伙伴有空，终于可以和她一起出去散步了。前段时间她去北京学英语，我好长时间都没见到她。好不容易有时间、有机会，相约一起出去逛逛，结果却因外面闷热，我们热得受不了，索性跑到佳乐家超市凉快去了。嘻嘻。

• • • •

爸爸的寄语

为什么你暑假生活越来越没有规律？我想这主要是因为你习惯了被约束、被管教的学校生活，对相对比较轻松自由的暑假生活一时难以适应。暑假里没有老师管着你，你也不用到点就起床，不用手忙脚乱地扒几口饭就急火火地往学校赶。你暑假能否过得充实、有规律，主要靠你自己，如果缺乏自觉性，心太软，舍不得对自己下狠手，那就很难管好自己。还有一个很重要的原因是你思想认识不到位，总是认为放假就意味着可以无拘无束地玩耍，认为好多同学都在玩，都在睡懒觉，凭啥我要"拼命"，凭啥我要早起，少玩了一会儿，就像对不住自己、吃了大亏似的。岂不知，珍惜时光，把更多的时间用在学习及其他更有意义的事情上，才是真正的"不吃亏"。爸妈从来就不反对你玩耍，只是希望你玩耍要有度，没节制、没意义的玩耍，会让你感到空虚，心里不踏实。玩耍没节制，学习不卡点，作息被打乱，这些都是你生活没规律背后的因由。

你能察觉到自己生活越来越没规律，并隐隐意识到这样会对身体不好，说明你有"自知之明"。这是个好兆头。但仅有自知之明还不够，还需俯下身子尽力向好的方面去做，不能一边嫌生活没规律，一边继续放任自己，继续过没规律的生活，懒得改变现状；不能明知玩得过火不好，仍放任自己去疯玩；不能明知睡懒觉会浪费大好时光，仍放任自己去睡；不能明知不按时吃饭不好，仍任由自己那样吃。这都是缺乏自律性的表现，都是缺乏上进心的表现，都是懒惰的表现。明知不可为而为之，过后你会感到很遗憾、很失落、很自责。但仅感到遗憾和失落，仅会自责还不够，如果感慨一番、自责一番过后依然我行我素，不见有改变现状的实际行动，那感慨和自责就如同"放空炮"。解决这一难题的关键，首先是你思想上要引起重视，要给自己立个规矩，画个框框，然后要求自己认真去履行、去遵守，长时间坚持这样做，就会习以为常。

为啥你上学期间，生活很有规律，每天都像上紧的发条活力满满，到了暑假就没规律，就变得松垮疲沓了呢？因为学校有严格的纪律约束，学习氛围浓厚。别的同学都在努力学习，别的同学能严格遵守纪律，如果只有你"自由散漫"，你会显得"很扎眼"，同学会用不屑的目光看你，老师也会认为你不是个听话的好孩子，那时你就会感觉自己"被孤立""很没脸"，会自觉地向好同学看齐，自觉改掉自由散漫的不良习惯。良好氛围和优秀群体能释放出强大正能量来改造人、塑造人。这种力量有时虽看不见摸不着，虽不显山不露水，却像无形的鞭子一样，不时敲打人松弛的神经，让人及时警醒，使人默默地自觉主动地向好的方面去做。而家庭普遍缺乏这样的氛围，普遍缺少这样的能量，没纪律约束，没那么多眼睛盯着你，只有爸妈疼爱怜惜的目光和关爱呵护围绕着你，偶尔遭到爸妈埋怨、批评，你根本感觉不到痛痒。

对于上述不良生活习惯，如果不加重视、不加改正的话，久而久之，它就会给你的身体、学习、生活带来诸多不利影响。它对你学习的影响不容小觑。你所说的生活没规律，实际就是懒散这个不良习惯导致的。懒散像只不安分的兔子，一旦管控不好、约束不住它，它就会伺机跑出来胡蹦乱跳。由此我想到了你早就熟知的龟兔赛跑的故事。故事揭示的道理想必你早就了然于心，这里我们不妨拿过来，再引申一下。我们把比赛时间分成两个阶段，一个是上学时间，一个是放假时间，比赛结果一定如下所述。正常开课上学时间，因为有纪律约束，因为有老师监督，兔子同学能发挥出自己正常能力和水平，跑得比乌龟同学快很多。但进入暑假，情况将发生明显的变化，因为缺少纪律约束，因为缺少监督，本就不爱受约束、喜欢洒脱、容易骄傲自满的兔子同学，会立马松懈下来，一心玩乐、享乐、睡大觉，渐渐把比赛抛之脑后。而乌龟同学对比赛念念不忘，继续保持努力爬行的状态，即便它爬得非常慢，也会慢慢超过兔子同学。你从"兔子同学"身上，是不是也能看到自己的影子呢？

上面我们分析了你生活没规律背后的因由，和它给你带来的种种不利影响，造成这种尴尬现状，有你自己的原因，也有爸妈的原因，爸妈也有做得不到、做得不好的地方。由于爸妈太疼爱你，不忍心早早喊你起床，对你没规律的生活不太关心，没有给予太多关注，对你提醒得不够、督促得不够、教导得不够。跟其他一些家长一样，爸妈总认为你暑假期间睡懒觉无伤大雅，懒散一点也无可厚非，没把它放在心上，没有尽到家长应尽的责任。如果不是你今天在日志中主动提到这事，爸妈可能还不会引起警觉，可能还会继续包容你。爸妈对你不良生活习惯的轻视、漠视，不是真正的呵护你、疼爱你。在此，爸妈对你说声抱歉。好在你自己已经意识到、觉察到生活没规律将给你带来的种种不良后果，开始有所觉醒。爸妈真心希望你以后好好表现，努力改正不良的生活习惯。以后爸妈会尽力给你做好榜样，多提醒、多督促、多开导你，和你一起努力戒除生活中的坏习惯，积极培养好习惯，力争把家里的生活氛围营造得更和谐、更温馨、更有序、更阳光。

5. 突击写作业，糊弄的是自己

圆圆日记

今天我玩了一上午。下午妈妈带我去剪头发，自打放假后我就没剪过刘海，刘海长得都快盖住眉毛了。剪完刘海后，我看起来精神多了，感觉自己像个大学生。

剪完刘海回家后，我继续写英语作业。今天战绩不错，60篇读书笔记我终于写完了一半。别看我写得很快，其实也费了不少工夫呢。每篇读书笔记我都写得很认真，希望能给英语老师留下个好的印象。

爸爸的寄语

我多次提醒过你，作业不要赶到一起做，你还是没有引起足够的重视。60篇暑期英语读书笔记，应该是老师按天布置的吧？乍一看作业量很大，但是分散到每天量就不大了。老师这样布置作业显然有他的用意。你说读书笔记做得很认真，费了不少工夫，老师看了保准会夸赞你几句。你这是"自我感觉良好"，并没有领会老师布置作业的真正意图和良苦用心，即便你写得很认真，也难免露出"扎堆做"的痕迹，也难免有"应付差事"的嫌疑，这应该是英语老师不愿看到的。英语是一门语言学科，它博大精深，需要循序渐进地学，细水长流地学，日积月累地学，每天学一点，每天积累一点，慢慢地磨，慢慢地练，慢慢地记，才能把它学透练好。你这样突击写英语读书笔记，显然很难达到这样的效果。

很多事情，不是随便搞一下"突击"就能做好的。英语是一门应用性很强的学科，不仅要会写，还要会读、会说，不仅要动脑记，还需要动手写找手感，动嘴说找语感，不仅记得要准，说得也要准。只会写英语单词，却不会读或读不好，也不会用它造句写文渲染语境场景，并用熟练的口语把它表达出来，从而让别人不仅听懂你的意思，也能感受理解你表达的思想情感，那就说明你学得还不到位，还不够好，还没摸到学习英语的门道。人们常说的"哑巴"英语，实际表现就是这个样子。你可能有这样一种误解，那就是既然英语和语文都属于语言学科，那么学习方法也大同小异，只需记住就好，记住了就能张口道来。实则不然。由于种种因素制约，我们说英语比说汉语要难得多，不下番功夫是说不好的。

汉语是我们的母语，我们几乎每时每刻都能用到它，而英语就不同了，我们身边并没有那么多的应用场景，也不能随时随地找人来进行英语口语对话和交流，需要我们主动去学习，主动去练习，主动去应用，可以对着镜子练口形，可以跟着英语磁带练发音，也可以找同学一起练对话。同学之间交流切磋，互相提醒帮助，可起到查缺补漏、互促互进的效果。在实际应用中，逐步加深对词汇的理解和记忆，让语感不断地得到强化，直至达到脱口而出的水平。学习掌握一门语言，不是搞搞突击就能达成的，而是需要日积月累地学、循序渐进地练，一日不写手生，一日不说口拙。长时间不学不写、不练不说，学会的词汇、语法就会逐渐淡忘，语感也会逐渐变弱，甚至把以前学会的东西又全部还给老师。学习英语需要花费大量的时间和精力，但是除了英语，你还有很多重要的学科要学，这就需要你根据英语学科特点，充分利用好每日空闲时间，来加强英语基础知识学习和口语听力练习。

　　说了这么多，想必你已明白英语老师给你们布置作业的初衷，也明白了怎样学英语才能收到好的效果。爸爸再次提醒你，尽量不要把作业赶到一块做，尤其是英语作业。把作业赶到一块做，很难做仔细，就像搭积木一样，每一步都需细心，都需用心，都需花费一定的时间和脑力，如果只是把部件胡乱堆起来，那就没法搭建出好看的模型，也没法很好地锻炼技艺和体验创造的乐趣。可以说，扎堆赶作业，应付的是老师，有了面子，却丢了里子，最终糊弄的是自己，到头来吃亏的也是自己。建议你把英语作业化整为零，每天都学一点，每天都做一点。在做读书笔记的时候，不要闷着头儿硬抄，可以一边读，一边记，一边咂摸，看到一个单词，读到一个短语，立马联想起相关的单词和短语来，并能把它们的相同点和不同点找出来，这样做笔记的效果会更好一些。总之，作业不是做给老师看的，而是为自己做的，要做就尽量把它做好，投机取巧，敷衍了事，既没有意思，也没有意义。做学问要认真，偷不得懒，耍不得滑，要不然最终糊弄的还是自己。

第六章

情绪难琢磨，用心来把握

1. 沟通很重要，有话好好说

圆圆日记

> 从今天开始，每天下午我都要去学英语。其实我英语成绩不差，只不过从小学就开始学它，慢慢地就养成了一种习惯。如果不坚持学下去，英语科目我很难提前考出"A"等。今天词穷，没啥可说的。也不知道老爸看了我的日志后，又会生出怎样的感想？

爸爸的寄语

爸爸多年来一直使用电脑打字、写作，手写感觉很累，字迹有点乱，为了和你达成"统一阵线"，我还是尽量坚持手写。我觉得这是我们父女俩加强沟通交流的很好方式。从你写的日志中，我能及时发现、觉察你最近的心理状态和不良苗头，感受你的欢乐和苦恼，尽力帮你分析问题原因所在，积极寻求应对之法。希望你看了我的留言后能有所启迪，有所收获，有所省察，进而变得越来越聪明，越来越懂事。爸爸毕竟是过来人，见识比你多，阅历比你丰富，看问题相对更全面、更深入、更准确一些，我提醒你的话语虽称不上"真知灼见"，却是我的肺腑之言，相信你一定不会把爸爸的寄语当耳旁风，一定不会辜负爸爸的一片苦心。

爸爸感觉自打你上初中后，你和爸妈之间的沟通交流不是很多，也不是很顺畅，这一方面是因为你学习太累、太紧张，没时间、没心情和爸妈谈心；另一方面是因为你长大了，有了自己的主见和追求，不愿被别人的意见所左右。这样有利也有弊，利处是你可以借此锻炼自己，提高自主做事、自主解决问题的能力，逐步学会独立。弊处是容易养成任性的脾性，过分相信自己，听不进别人的意见和建议。爸妈有时因不了解情况，有些话可能说不到点子上，让你感到厌烦，你有不同的想法和见解，不妨及时说出来，只要是对的，爸妈一定会站在你这一边。千万不要因此而怪罪爸妈，不理会爸妈，甚至跟爸妈打冷战、闹别扭。

"宽以待人"是一种美德。当你言语不当不经意触及别人心里的痛点，让别人难堪下不来台时，别人如果生气不理你，甚至对你兴师问罪，你肯定会感到委屈，无法接受。

而如果别人对你的"无心恶语"只报以浅浅一笑，毫不在意，你就会像沐浴春风一样感到温暖和舒畅，心里所有的歉疚和不快，就会像风吹浮云一样转瞬消散。包容善待别人，别人也会包容善待你。同学之间、朋友之间是这样，父子、母子、兄弟之间也是这样。你问爸爸看了你的日志后有啥感想，这就是我的感想。

2. "平淡感觉"是怎么来的

圆圆日记

> 又是新的一周，我深切感受到了时间流逝之快，一种紧迫感悄然涌上心头。
>
> 上午我终于把化学作业做完，随后又预习了下午要上的英语课文。感觉一天平平淡淡的，像什么事也没发生一样。
>
> ● ● ●

爸爸的寄语

你这篇日志写得很短，有两句话可圈可点，一句是"我深切感受到了时间流逝之快，一种紧迫感悄然涌上心头"，另一句是"一天平平淡淡的，像什么事也没发生一样"。两句话之间似乎有着某种因果联系。如果说前一句是因，那后一句就是果。正因为时间流逝得很快，给你的努力时间有限，你才感到心里空落落的，总有些许遗憾萦绕在心头。今天似乎该发生点什么，却什么也没有发生；该珍惜时间抓住点什么，却什么也没有抓住。该抛洒的汗水还没淋漓地抛洒，该收获的果实还没寻见影儿，一天就这样过去了。该来的好像真的没有来过，该拥有的好像真的没有拥有过，一天就这样过去了。

难道是因为太想得到，以致总感觉失去得太多？难道是因为设想的目标太多太大，求索的路程才显得如此漫长和曲折？细细斟酌一番后，你会恍然发现：路程漫长和曲折毫不稀奇，求索途中忍受寂寞和折磨再正常不过。精彩从平淡中来，伟大从平凡中来。美酒需要长久地酝酿，丰硕的果实需要漫长的成熟过程。缺少酝酿和漫长的积淀过程，美酒和果实不会变得那么浓香和丰硕。正因为这个过程很漫长，很沉闷，且充满了波折，才让人感到寡淡乏味，心生惶惑。然而经历这个过程又是很有意义、很有价值的，也就没必要为它伤怀。看清了它的本色和美好，就应当敞开怀抱热情地接纳它、享受它、把握它。

我们身处的世界每天都在发生变化。只要内心沉静，信念笃定，即使身处枯燥乏味的学习生活环境中，即使每天都在机械地重复做同样一件事情，也会从中发现很多乐趣，得到意想不到的收获。其实日子平淡与否，有时仅是个人一时的体验和感受。这种体验和感受，受情绪的影响较大。积极的情绪催生积极的快乐的感受，消极的情绪催生消极的烦闷的感受。做同样一件事情，有的人能有所收获，因而感到快乐，富有成就感。有的人却正好相反，看啥啥不好，做啥啥没劲，悲观厌烦情绪萦绕心头，总也拂之不去。一个人不能好好管理自己的情绪，让积极乐观的情绪占领心灵的高地，就容易遭受坏情绪的困扰。

人脑中常存在两个我，一个是积极向上的大我，一个是消极猥琐的小我。大我代表积极情绪，小我代表消极情绪。聪明人善用大我克制、战胜小我。当消极猥琐的小我一时难以克制和战胜时，不妨试着转移下注意力，做做其他感兴趣的事，以便调节一下神经，放松一下心情，积蓄一下力量，找回遗失的自信。"小我"因时隐时现、不太显眼常被人忽视。就像你今天的表现一样。实际上你今天收获并不小，做完了化学作业，又预习了英语课文，之所以仍发出"一天平平淡淡的，像什么事也没发生一样"的感叹，想必正是受了莫名的消极失落情绪的影响。如果你现在仍被它困扰，不妨试用一下我教你的排解方法。

3. 假期学习真有那么累吗?

圆圆日记

> 　　夹在"悲催"星期一和星期三之间的今天,只有一节课需要学。这一天被其他两天衬托得格外美好。日复一日,一会儿紧张,一会儿放松,循环往复,我都快承受不了了。不管怎么说,现在还是放假期间,放假不就是为了休息吗?为啥还要搞得这么累,学得这么辛苦,图啥呀?真的好心酸啊!唉,熬吧。

爸爸的寄语

　　有的同学把暑期等同于休息,等同于玩耍,在此期间比别人少玩一点,就像对不住自己、吃了大亏似的。原以为你是个乖巧懂事的孩子,不会把玩耍看得那么重,不会因为少玩一点就感到遗憾和失落。大大出乎我意料的是,你竟然也抱有这种念头,因为多学几节课就叫苦喊累、牢骚满腹。你说,放假不就是为了休息吗?为啥还要搞得这么累,学得这么辛苦，图啥呀？真的好心酸啊！其实，不论从哪个方面、哪个角度看，玩耍都不像你想象的那么美好和重要。毋庸讳言，对于你们这个年龄段的孩子来说，适度玩耍的确能起到放松心情、调节情绪、休息调养、养精蓄锐的作用，的确也是获取知识、增长见识、开阔眼界、增强人际交往能力和处事能力的一种很好途径，但它毕竟不是金瓜银蛋，而是像五彩气球一样，让人赏心悦目的同时，又极易膨胀破裂。有时它也像虚无缥缈的彩霞，看起来很美好，看起来很受用，但等你把它抓在手里，却感觉不到它的存在，还不如把一块石头拿在手里踏实。对于玩耍这个让人又爱又恨、模棱两可、难以捉摸的玩意儿，如何才能正确认识和把握好它，我以前没少跟你念叨，你不妨好好回忆一下。

当然，如果你真的很累，爸妈也是很心疼的，也是会极力建议你好好休息放松一下的。爸爸不止一次劝你学习要劳逸结合，不要把自己搞得太疲累，也不止一次劝你要加强锻炼、注意身体，但如果事实并没有你说得那么玄乎，就须另当别论了。你这几天要学的课程多一些，这是事实，但是不是因此你就累得透不过气来，我看未必。相比开学后的课程繁重程度、学习紧张程度来说，你这几天的学习算不上紧张，也算不上繁重，我想你之所以感到很累，之所以感到暑期学习像一种煎熬，主要是因为这几天你学得多了点，玩得少了点，心理不平衡而已。简言之，你所谓的累，其实只是心累，并不是身累。你和其他有些同学一样，把暑期等同于休息，等同于玩耍，比别人少玩一点，就像对不住自己、吃了大亏似的。受了委屈、吃了大亏，当然会心不甘、有牢骚，甚至烦闷窝火。只是这委屈、这大亏，是你凭空想象出来的，和无端夸大感觉出来的，为它揪心窝火也就变得毫无意义。找到了心累的根由，看清了"大亏"的真实面目，明白了所谓的"累"，只是一种被歪曲被夸大了的心理感受，并不是真的疲累，兴许就豁然开朗，不再那么烦闷失落了。

实际上，爸妈从来不反对你玩耍（玩耍也有它的某些好处和积极意义），只是希望你玩起来要有节制，不能因为疯玩，而把其他该做的事、更有意义的事，都丢在一边、抛之脑后。另外就是要分清学习和玩耍的界线。严格来说，学习和玩耍是需要单独进行的事情，不能搅和在一块。俗语说得好，一心不可二用。学习的时候不专心，老是惦念着玩，老是因玩耍而分心，这样怎么能学好！与其这样，还不如学时专心学，玩时尽情玩！不要担心没时间玩，暑假时间很长，你有足够的时间玩耍！从 7 月 4 日到 8 月 31 日，共59 天，除去每天 8 小时的正常睡眠时间，你还有接近 40 天960 小时的富余时间做其他事情。你一日学习时间最长不超过 6 小时，平均起来每日最多不超过 3 小时，按平均每日 3小时学习时间算，你暑假用来学习的时间只有 120 小时（5整天）。这样算来，你还有 35 整天的富余时间来玩耍或做其他事情。暑假期间你都做了哪些"其他事情"，并因此占用了多少时间，应该是屈指可数的（最多不超过 10 整天时间的样子），剩下的时间，大都用来玩耍。这样一算，你暑假学习时间并不算多，比起玩耍时间少之又少。时间很宝贵，那么多时间用来玩耍，是不是很浪费、很可惜？又怎么能为少玩而惋惜慨叹呢？

爸爸不止一次跟你说过，暑假是你"充电"提高自己的关键时期，初三学习非常紧张，应该趁初二暑假做好准备、打好基础。希望你安排、调节好暑期学习和休息时间，把该复习的复习好，把该预习的预习好，不要因为贪玩而误了学习，不要把太多精力和时间耗费在上网和玩游戏上。暑假时间很长，爸妈会尽力帮你营造安静舒适的学习环境和氛围，不会强制你学这学那。路最终要靠你自己来走，你已经是懂事的大孩子，相信你能管好自己，认真执行好你自己当初拟定的计划，过一个充实快乐而富有意义的暑假。

4. 新老师，没想象的那么难适应

🙂 圆圆日记

　　今天天气依然很热，听同学说明天会降温，希望气温快点降下来，那样我们就不用整天闷在家里吹空调了。吹空调不仅浪费电，还会得"空调病"，很不划算。

　　今天我继续做英语作业，至今已完成 50 篇读书笔记，明天再加把劲，争取把剩下的 10 篇读书笔记解决掉。做英语读书笔记的时候，我时常想起我们的英语老师——丁老师，从下个学期开始，她就不教我们了，因为她要歇产假当妈妈了。下学期不能再上她的课，好遗憾啊。我们一起相处、奋斗了两年时间，现在她不得不暂时离开讲台，我真有点舍不得她。不过，我还是会衷心地祝福她，当妈妈跟当老师一样，也是很神圣的呀！

　　新换的老师，可能不太了解我们每个同学的学习情况，短时间内，我们可能不太适应他的讲课方式。

但既然事已如此，也只好尽力配合、适应他了。相信我们班的同学都会尽力配合新老师，把英语学习搞好的。

• • • •

爸爸的寄语

没想到你竟然用"解决掉"这样的词语，来形容做完英语读书笔记的心情，好像读书笔记就是压力，就是束缚，就是负担，就是累赘，就是别人强加给你的任务，只要硬着头皮把它做完，就放松了，就解脱了，就跳出了泥坑似的。做英语读书笔记有许多好处，你怎么老是不情愿做它呢？你是不是觉得已提前通过英语学业水平考试，而且考了"A"等，就不用学它了，就可以把它束之高阁了？这样的想法可不能有啊，接下来还有许多新课程、新内容等着你去学呢。学习如逆水行舟，不进则退。学习的路还很长，松懈不得。何况你英语还有很大的提升空间，不继续努力的话，非但不能提升它，还有可能退步。相信丁老师也不希望你骄傲自满、不求上进的。也许你只是随口一说，发发牢骚罢了，并没有爸爸说得那么糟糕，如果是这样，那就是爸爸多虑了。爸爸只是以旁观者的身份来看待你学习中体现出的问题，因站的角度不同，爸爸提出的想法和观点，可能与你的实际情况存在偏差，因此爸爸不会过多地干涉你的学习，凡事还要靠你自己根据自身情况来拿捏、来把握。如果你觉得不该在已经学会的内容上过多浪费时间，那就不妨尝试着学习一些新课程、新内容。

你为丁老师歇产假，下学期不能继续给你们上课，而深感遗憾，对能否尽快适应新英语老师的讲课方式而感到担忧。但随后你又写道：相信我们班的同学都会尽力配合新老师，把英语学习搞好的。听说要换英语老师，爸爸开始也有点不放心，爸爸不是担心新老师教学能力不强，不是担心新老师教不好你们，而是担心你的情绪因此而发生波动，怕你的学习节奏因此被打乱，怕你的学习热情因此被削弱。看了你写的话语，爸爸相信你还是很喜欢英语这门课的，还是很有信心把接下来的英语课程上好的，希望你继续保持浓厚的学习兴趣和热情，尽力配合好新任课老师，争取把英语水平再提高一个层次。两年的朝夕相处，你们和丁老师结下了深厚的师生情谊，在丁老师的辛勤教导下，你们的英语水平得到了很大的提升。丁老师由于要歇产假，不得不暂时离开讲台。你虽有些不舍，但还是衷心地祝福她，因为你知道，当妈妈和当老师一样，也是很神圣的。丁老师曾像妈妈一样给予你们很多无微不至的关怀，其他老师何尝不是如此？应该把老师的好记在心间，把老师殷切的叮嘱记在心间，把它化作继续努力学习、好好表现的动力，这样才不会辜负老师们的期望。

出于某些不得已的原因，学校调整、更换任课老师是正常现象。由于对新老师缺乏了解，不熟悉，学生和家长担心亦属正常。学生担心不能尽快适应新老师的上课方式、上课节奏，家长担心新老师初来乍到，对学生了解不够，不能根据学生特点"因材施教"。有的家长以前跟老师沟通得比较多，关系比较近，怕换了新老师后，又得从头开始联络感情，担心跟老师关系疏远、孩子得不到关照，而影响孩子的学习，耽误孩子的大好前程，并有意无意地把焦虑担忧传递给孩子，致使孩子没等见到新老师，就开始心慌害怕。这些担心往往是多余的。虽然换了新任课老师，但课本内容是一样的。不同任课老师的个性特点魅力不同，但要教授的知识没有什么大的区别。老师极少有不真心喜欢学生的，他们都会尽力把课上好，尽力把学生教好，巴不得把所有知识都传授给学生。学生学习好了，老师会备感欣慰，备感荣光，因为自己的汗水没有白洒，心血没有白费。而且，现在的学校也会采取各种方式对老师进行全方位的考评，老师不好好教课，不讲师德师风，让人挑出毛病，背上"误人子弟"的黑锅，岂不是给自己脸上抹黑，岂不是砸自己的饭碗？没有哪个老师愿意这样做。

老师的个性魅力、讲课特点，往往通过一两节课就能展现出来。听了一学期的课，也不知道任课老师人怎么样、课上得怎么样，是很少见的，除非你不去认真听讲，不去认真观察。有的同学头一次听老师讲课，就被老师的魅力深深吸引，从此喜欢上老师，就是因为认真去听讲了，认真去感受了。当然，人无完人，即便是做事非常严谨、表现一向优秀的老师，在实际教学过程中，也难免有做得不够周到、不够完美、不尽如人意的地方，尤其对缺乏经验的年轻老师来说，更是如此。由于不熟悉情况，新老师处理班级事务时，可能考虑得不是那么周到、全面，批评教导学生时，可能做得不是那么恰当、准确。家长应该对新老师多些包容，多些理解，多些支持，不能因为老师一点儿没做好，一次没注意，就抓住老师的小辫子不放。有的家长动用权力、关系，迫使学校撤换自己不喜欢的老师，或为了阻止学校更换自己喜欢和中意的老师，变着法儿给学校、老师施加压力。这样做是极不明智的。干扰学校正常教学秩序，把家校关系、师生关系搞得十分紧张，更容易影响、伤及孩子。

需要强调说明的是，所谓的新老师，是相对来说的。从幼儿园到小学，从小学到中学，几乎每次开学，你都能遇到新老师，根本没必要费心考虑更换新老师的诸多不利因素，那些不利因素也许并不存在，也许并不会发生。调整好自己的心态，多想想怎样做才能更快更好地与新老师达成统一阵线，配合新老师把课上好，把学习搞好，这才是最为重要的。实际上，学生与新老师的沟通交流，并没有一些学生和家长想象中那么难。学生急于适应新老师，新老师也会急于适应学生。新老师和学生所奔赴所努力的方向和目标是一致的。为了尽快了解学生，新老师会非常希望你主动跟他交流汇报情况。为了引起新老师注意，为了赢得新老师赏识认可，学生也会积极主动地表现自己。相信过不了多长时间，老师就会和学生打成一片。总之，更换新老师并非一点好处也没有，也有它积极的一面。新官上任三把火，新老师上任同样会烧三把火。新任课老师的到来，会给班级带来一些新的气息、新的活力，会传授学生一些新的理念、新的学识，会发现和洞察一些以前大家忽视的老问题，和亟待解决的新问题，提出一些解决问题的新思路，采取一些新措施、新办法，会给学生带来新鲜感，带来新希望。这样，非但不会影响学生的学习，反而非常有利于促进学生的进步。

5. 想想为什么会那么"累"

圆圆日记

　　昨天做完了物理预习学案，今天做综合复习试卷。试卷总共十三个页面，六个专题，几乎囊括了我们初二下学期所学内容，每个专题都有知识点填空和测试题目（我最讨厌做知识点填空，宁愿解应用题也不愿默写知识点！！）。奋斗了一上午，我终于完成了三个专题。好累呀，简直就是在用生命写作业！

・・・・

爸爸的寄语

　　看了你写的日志，我憋不住地想笑，没想到你是在用"生命"写作业！实际情况真有你说的那么严重吗？我看未必。你用不少时间和精力来上网和玩耍，莫非也是在用"生命"上网，莫非也是用"生命"玩耍？为啥上网和玩耍不感到累，不喊累，做综合试卷却感到很累，忍不住地喊累呢？就像有些人上网看手机，一玩就是几个小时，一看就是小半天，虽然累得眼花头疼，但心里并不感觉到累，而只要看书学习，立马就打盹儿，就犯迷糊，就累得不行。之所以会这样，我想主要是因为心态在作怪，心思没用在看书学习上，兴趣点和注意力也没放在看书学习上。依你所说，今天你完成了不少作业，作业难度都很大，你费了不少工夫，动了不少脑筋，奋斗了一上午，终于完成了三个专题，劳动量不可谓不大，疲累自然是难免的。但我想这并不是导致你疲累的主要和唯一原因，你之所以感到疲累，应该也是由心理原因造成的。下面我试着帮你分析一下原因，你仔细想一想，看我分析得有没有道理。

一是心急，总想一口吃个胖子，总想一口气把作业做完。实际上，你完全没必要这样做，完全可以化整为零，把作业分成多步来做。暑假你用来做作业的时间很充裕，没必要把作业赶到一块做。把作业赶到一块做，很难做仔细，很难做扎实，很难取得好的学习效果。就像吃饭狼吞虎咽、囫囵吞枣一样，饭食咬不透、嚼不烂，自然会大大影响消化吸收它的效果。二是耍心太重，把玩耍看得比做作业更重要。你老是巴望着三下五除二就把作业做完，然后腾出时间来上网和玩耍。相比做作业来说，你更喜欢上网，更喜欢玩耍，但作业又不能不做，只好硬着头皮挤时间凑合着把作业做完，至于作业做得好不好，任务完成得好不好，你并不十分在乎，并不十分关心。抱着这样的心态做作业，能把作业做好吗？三是惰性心理在作怪。你不是不知道做作业的重要性，也不是不想认真做作业，只是怕吃苦，怕受累，有空的时候懒得做，懒得动脑筋思考问题，看假期时间所剩不多才慌了神，硬着头皮赶进度。任务又急，压力又大，成堆的作业像悬在心里的石头放不下，你这样不累才怪。

你说，你最讨厌做知识点填空，宁愿解应用题也不愿默写知识点。为啥会这样？因为解应用题比默写知识点更有趣。知识点填空涉及的多是你已熟知内容和已学重点内容。通过做知识点填空，你可以系统性地提纲挈领地回顾、复习上个学期已学知识。复习旧知识不像学习新知识那样有趣，显得有些枯燥乏味，所以你才感到疲累。而解应用题就不同了，解应用题接触到的多是新东西、新问题。相比做知识点填空来说，解应用题更富有挑战性，更富有趣味性，即便是以前解过的应用题，你回过头来重解，这种趣味也不会减多少。解应用题伴随动脑钻研的过程。在动脑钻研的过程中你可以获取不少乐趣，每每通过钻研思考攻克一个难题，你会感到非常快乐，非常有成就感。但这并不是说知识点填空就不值得做。恰恰相反，巩固已学知识点，是解应用题的基础。应用题最终考查的都是你对知识点的掌握情况，以及能不能灵活、综合应用它。知识点掌握得不扎实，也不会灵活、综合应用，解应用题时就容易发蒙、卡壳，不知道从哪里下手。所以，对于已学知识点，尤其是已学超过半年以上的知识点，除非你已经学得非常扎实，记得非常深刻，否则也很有必要通过知识点填空等方式来复习巩固一下，以便于更好地应用它。这样转念一想，兴许你再做知识点填空时，就不觉得那么累了。

知道了导致自己疲累的缘由，就应该有针对性地消除和克服那些不良诱因，及时调整、改进一下学习的节奏和方法。对于必须完成的学习任务和作业，尽量早做打算，早做安排，然后扎扎实实地去做、去完成，千万不能有偷懒耍滑的念头，千万不要敷衍了事。偷懒耍滑，敷衍了事，最终糊弄的是自己。另外需要注意的是，不要怕困难，不要怕苦累。实际上，很多困难都是纸老虎，你藐视它，壮着担子去挑战它，最终你会发现，好多所谓的困难，并没有起先预想、担忧的那么可怕，凭你的能力完全可以战胜它。有些事情看起来很繁杂、很难做，让人望而生畏，但只要你耐住性子，像啃骨头一样一点一点去攻克它，好多难事都能克服。经过努力，每做完一件难事，你都会很有成就感，非但不会感到疲累，反而越做越有乐趣，越做越有劲头，越做越有信心和底气。

6. 学无止境，别轻易嘚瑟

圆圆日记

今天舅舅一家人来我们家吃午饭。人多家里热闹，气氛热烈，个个脸上笑开花，兴奋得走路都有些飘。妈妈做了很多好菜，我们吃得很开心，玩得很开心。饭后我背诵了好几个英语模块的单词，其中有一部分上学期我已背过，现在一看就会。这几天我把单词好好背一下，背熟的单词先放一放，班上举行背单词大赛前，我再把它过一遍，那样就"OK"了。我对比赛还是很有把握的，我相信自己有能力把它比好。那些单词一半多我早就学过，只要我到时发挥正常，就一定能取得好成绩。

• • • •

爸爸的寄语

舅舅一家人来我们家吃饭，妈妈做了很多好吃的菜。家里人多很热闹，气氛很热烈，你吃得很开心，玩得很痛快。这是你与家人、客人共享欢乐的好机会，是你大饱口福的好机会，更是你表现自己的好机会。你可以帮着照看小表妹，帮妈妈下厨做菜，帮客人端茶，用公筷帮客人夹菜。照顾客人要做到大方得体、礼貌热情、周到细致，这不仅是你现在需要学会的待人之道，也是你以后生活中常常要用到的人际交往礼数。生活处处皆学问。学习科学文化知识，是为了应用它，让我们的生活变得更美好。知识涵盖面很广，不仅要从课本上学，也要从现实生活中学。只有走进大自然，你才能深切体验和感受到它的美丽、博大和深邃。只有走进现实生活，你才能深切体验和感受到生活的美好、生活的不易。

正因为知识浩繁，无穷无尽，我们才需要时刻保持谦虚谨慎的学习态度。你说英语单词背得很顺利，有把握比好"英语单词大赛"，相信自己一定能取得好成绩。你能这样说，说明你心里有底气，感觉自己英语学得还不错。一分耕耘，一分收获，你在之前的英语学习中，的确下过不小的功夫，抛洒过不少汗水，正因如此，你的英语水平才日渐提升。但因此而骄傲自满，那就不好了。我不知道你这种"优越感"是如何得来的，是来自对屡次考试的客观总结，还是来自老师、同学们对你的综合评价，还是将自己和身边同学比较后得出的，还是把自己现在和以往比较后得出的。如果仅是"自我感觉良好"，那么这种认识就是片面的、不太准确的。因为你没有站在更高、更广的角度，看待和分析这个问题。

成语故事"井底之蛙"想必你早就听说过。故事讲的是一只生活在井底里的青蛙，以为天只有井口那么大，看到了井口大的天就以为看到了整个天空，就以为洞悉了整个世界。实际情况却大相径庭。这就是人们常说的目光短浅，见识太少。你有信心在班级单词大赛中取得好成绩，但能在更大的比赛，比如全校单词大赛中取得好成绩吗？你说老师要求背诵的英语单词你大都背过，但你会熟练应用它吗？每个词的词义可能会有很多条，在不同语境中表达不同的含义，这些你都领会并掌握了吗？这样一想，兴许你就不那么自信了，你会发现自己学得还远远不够。即便已学好课本和老师教授的内容，也不要轻易满足，可以在此基础上拓展一下，主动学点课外知识，学点更难更深的知识。多学一点，多会一点，没坏处。

学海无涯，学无止境。不论到啥时候，都需保持谦虚谨慎的学习态度。你学习英语,不能仅仅满足于把单词背过、会读、会写, 因为需要你深入学习的东西还有很多。人往往学习得越深入,越感到知识浩繁深邃,越感到自己浅薄渺小。学路漫漫, 还有好多知识等着我们去学习和掌握, 还有好多未知奥秘和无尽的新知识,等着我们去深入探究。你现在好好学习,不单是为了考试取得好成绩,也不单是为了将来读个好学校,而是为了掌握丰富的科学文化知识,练就一身过硬的本领,用先进思想武装头脑,将来更好地工作生活,更好地为社会、为国家做贡献。希望你端正学习态度,明确学习目的,继续努力学习,争取更大进步,千万不要因为取得一点好成绩就沾沾自喜、骄傲自满。

7. 自信像火把，健康如财富

圆圆日记

今天是假期最后一天，想到明天就要开学，心里不免有些紧张。为做好开学前的准备，我忙活了一天。上午我和爸爸送铺盖去宿舍，两个月没来学校，发现学校变化很大。学校对田径场和篮球场做了整修，场地新铺了塑胶，颜色十分鲜亮。从学校回来，我去药房拿了点药，去老爸办公室看了会儿书，去新华书店看有没有要买的辅导读物。新学期，新征程，新挑战，我要更加努力，向着更高的学习高峰攀登。

· · · ·

爸爸的寄语

明天正式开学，爸爸再叮嘱你几句。经过初中前两年的锻炼和磨砺，想必你已积累不少学习经验，已摸索出一套适合自己的学习方法，已能够较好地适应初中生活。相对来说，初三学习会比初一、初二紧张，但并没有你想象的那么可怕，你的紧张感大多来自毕业和升学的压力，来自周围环境紧张气氛的影响和别人紧张情绪的感染，而这些因素完全可以不予理会，没必要把它放在心上，不然只会徒增烦忧，毫无意义和用处。适度的忧虑，可以激发人的斗志和上进心，对可能存在的不利情况，做出积极的防御性反应。如果忧虑过度，反应过敏，则会适得其反，只会给自己添堵、添乱。实际上，好多时候，人们担忧的情况并不是客观存在的，也不是必定要出现和发生的，而是凭空想象出来的，纯粹是自己吓自己。静下心来仔细分析一下，便不难发现个中端倪，你不在乎它，不理会它，它也就没有了。

或许有一天你会突然发现，初三真正困扰你的不是学习问题，而是精神压力过大导致的心理问题。而只要厘清了心理问题的诱因，知道了它是怎么来的，看清了它的虚无本质，把心态放平，不去纠结，它就会像虚无缥缈的"鬼影子"一样轰然坍塌，转瞬消失得无影无踪。至于初三学习中可能遇到的实质性问题，也是不必担忧、不难克服的。初三除了节奏加快、综合复习时间相对较长外，跟初一、初二并无多大差别，在此期间遇到的学习方面的问题，跟以往学习中遇到的问题也并无多大差别，凭你的经验和能力，完全能够从容应对。关键是你要有自信，相信自己一定能克服困难，相信自己一定能把学习搞好。自信是人拼搏向上的动力源泉，也是人"燎原的星星之火"，它能充分激发和释放人的潜能，使人内心强大有活力，做出不俗的表现。当你受挫失落时，不妨扪心自问：我的自信心哪里去了？它是帮我照亮儿、让我继续摸索前进的火把，我不能把它弄丢了，必须赶紧把它找回来。

如果说自信是火把，那么健康就是财富。学习知识如同把财富存入银行，锻炼身体也像把财富存入银行。"财富"积蓄多了，不光对你现在有好处，对你将来乃至终生都有好处。毛泽东有句名言：身体是革命的本钱。有个好身体，你才有劲头去努力学习，才有精力、有耐力好好学习。好身体是怎么来的？好身体是锻炼出来的。18世纪法国哲学家伏尔泰有句格言"生命在于运动"，充分阐释了运动对于生命的重要性。

锻炼身体与努力学习同等重要。通过锻炼，不仅能增强人的体质，同时还能磨炼人的毅力，增强人的意志力。既然锻炼身体如此重要，既然健康如此重要，牺牲锻炼时间、牺牲健康换取短暂的进步，就如同杀鸡取卵，是很不明智、极不可取的。有的同学不注意这一点，老是巴望着通过熬夜搞疲劳战术来争取好成绩，结果直至把身体累垮，也没能如愿，还不如身体状态好、精力充沛时学习好、进步大。想必你也有这方面的体会，熬夜休息不好，白天就没精神，熬夜不仅不利于学习，还容易导致身体出状况，因身体不好或长期处于亚健康状态而拖学习的后腿。有些家长对此也没有引起足够的重视，把孩子的学习和前途看得比天还大，巴不得孩子立马成龙成凤、光宗耀祖，把孩子锻炼身体视同于玩耍，视同于浪费时光，怕孩子"玩物丧志"影响学习和大好前程，而不予支持，不理不睬，甚至以各种理由和借口阻挠孩子参加各种锻炼活动。直到孩子身体出了问题，健康出了状况，家长才幡然醒悟：原来健康对孩子来说是那么重要。

今天我啰唆了这么多，无非是想告诉你、提醒你：无论你初三学习多么紧张，都不要忘了挤出时间锻炼身体，这不仅是为中考体育能拿个好成绩，更是为积蓄力量和健康财富，为接下来更为繁重紧张的高中学习打基础、做准备，可千万不能不拿它当回事。

8. 换个视角，转圆一想便坦然

圆圆日记

　　马上就要开学了，我今天在家收拾了一下书桌，虽说不是第一次面对开学，但只要想到"初三"这两个字眼，心就怦怦直跳，紧张得很。初三意味着要毕业，意味着要升学，意味着同学们、好朋友们将各奔东西。

　　下午妈妈带我去领新办的身份证，领完身份证我去配了一副近视眼镜，还好这次度数涨得不算很高。随后我和好朋友去逛书店，买了几本课外读物。回到同住的小区，我们没有急着回家，站在小花园甬道旁聊了很久。之前我们在同一所学校上学，只是我比她低一级，周末我俩经常一起去图书馆看书写作业，现在她要上高中，去一所新的学校就读，想到我们不会再像以前一样天天碰面，我感觉心里空落落的，甚至还有点难过。不管怎样，我还是希望我们明天都好，让我们一起加油努力吧！

爸爸的寄语

你以前对自己的眼镜不是很爱惜，戴后随手一丢，一时找不见它，又立马慌了神，手忙脚乱地东翻西找，巴不得把家里翻个底朝天，直到找见它才长吁口气。暂时不用眼镜的时候，最好把它放到眼镜盒中保存，随手丢放，容易使镜片与硬物接触，造成镜片的磨损，也容易使镜片沾染上灰尘和污物，影响镜片的透光效果。受损和脏了的眼镜，戴久了会对人的皮肤和视力造成不好的影响。保护眼镜，无异于保护我们的眼睛和身体。由爱惜和保护自己的物件推而广之，我们是不是也要爱惜和保护我们身边的一草一木？是不是也要爱惜和保护我们和谐美丽的家园？是不是也要爱惜同学之间、朋友之间结下的真挚友谊？当然需要。这是一个人从小就应该养成的最基本的道德素养。有些东西，往往失去了才知道珍惜，比如说情谊。你今天写的日志与以往有所不同，字里行间透着丝丝对好友别离的淡淡忧伤。

你说每每想到"初三"这两个字眼，心就怦怦直跳，紧张得很。跟好朋友相见、一起读书做作业的机会变少，你感到遗憾。虽说在以前的日志中你也偶尔表露过这样的心情，但看你平日嘻嘻哈哈，啥都不在乎的样子，我原以为你不会有太多这样的惶惑和烦恼。初三在你心中的分量如此之重，你这么看重同学和朋友情谊，是我不曾想到的。重情重义难能可贵，无可厚非，但不能为它所惑，为它所累。我们每天都有可能面对新环境、新情况、新变化，因故和朋友暂时别离是正常的、难免的，并不是有些人说的老天爷故意为难捉弄我们，应当以平常心看待它、应对它。心里有了困惑烦忧，先学着自己排解，不方便对外人说的话，可以对爸妈说，也可以向好朋友倾诉。把憋在心里的话说出来，你会感到很放松。听了别人的宽慰话、开导话、点拨话，兴许马上就能解开心里的疙瘩，豁然开朗。

在爸妈眼里，你永远是长不大的孩子。跟其他好多家长一样，我们也总是把你当长不大的孩子来看待。其实这是一种错觉。爸妈不得不承认这样一个事实：不知不觉间，你已经长大了，进入青春期了，已经开始有自己的小心思、小情感、小秘密了，已经不再像上幼儿园、小学时那样懵懂了，已经开始懂得珍惜情感友谊了，已经开始体验离别的忧伤了，已经开始试着对别离、对情感、对友谊、对人生进行探寻和思考了。这实际上是每个孩子人生中必经的历练过程和慢慢长大成熟的表现，但是如果处理不好、把握不好这一过程，就有可能被失落情绪、伤感情绪所困扰。这一点常常被家长所忽视、轻视。有的家长见孩子出现这种苗头，马上没好气地加以训斥:屁大点的孩子懂什么情感，谈什么感情! 这样做显然是欠妥当的。爸妈先前对此也没有引起足够的重视，没给予你必要的体贴和关怀，以后我们会多加注意。

　　青春期是人从孩童到成人的重要过渡期和身心发展期。你现在这个年龄,刚好处于青春期早期阶段。仔细回味一下,你会发现,进入青春期后,身体和心理会发生微妙的变化,一些困惑开始萦绕心头,一些愁事开始摆在眼前,需要你去积极面对和想法解决。青春期问题是社会普遍关注的问题,是影响孩子健康成长的重要问题,它更多地表现为心理上的问题,心理问题解决了,好多问题都能迎刃而解。解决这一问题,不可只重视学校老师的正确引导和父母家人的关爱呵护,而轻视、忽视孩子的自我心理调适的能力和作用。学校老师和父母家人的助力,对于帮孩子顺利度过青春期,起着非常关键的作用,但问题最终还是要靠孩子自己来解决，因为外因最终要通过内因发生作用。从这一点讲，充分发掘、发挥孩子的自我心理调适能力、作用，就显得十分重要。它是引导青春期孩子健康成长的重要切入点。

所谓自我心理调适，就是自己开导自己，自己宽慰自己，自己鼓励自己；就是多往好的方面想，多往好的方面做。当遭遇困惑，被失落情绪困扰，一时难以排解时，不妨试着换个视角去看待它，换个思路去克服它。可对着镜子跟自己谈心，想想怎样做才对自己更好、更有利。你说得没错，初三意味着要毕业，意味着要升学，意味着同学们、好朋友们将各奔东西。但这没啥好奇怪的，也没啥好惋惜的。从你整个学习生涯来看，从你整个人生历程来看，这是必经的过程和必走的路程。既然如此，就没必要把这段时光看得那么沉重，没必要搞得那么紧张，没必要考虑太多。你感伤也好，快乐也好，都无法左右时光流逝，都没法避开升学和毕业节点。既然有更好的快乐方式可以选择，从而轻松地度过这段时光，干吗还要自寻烦恼？这样一想，兴许就不觉得"初三"两字扎眼了，兴许就不觉得升学和毕业揪心了。

人以不同的视角、不同的心情看待事物，得出的结论和感受也会有所不同甚或截然相反。其中心情对人的影响，往往更为强烈、更为明显。即便是同一个人站在同一视角，以不同的心情看夕阳，也会有不一样的感受。以好心情、快乐心情看夕阳，会感觉夕阳很美；以坏心情、悲伤心情看夕阳，会感觉夕阳像残血，倍感压抑和窒息。看待学习生涯、人生历程也是如此，以积极乐观的心态看待它，会感觉它很壮美，反之则不然。人在成长过程中，会遭遇各种艰难困苦，会经受各种失败、挫折、考验，这都是正常的，没必要大惊小怪，只需以乐观心态坦然面对它，积极地应对它就行了。体育比赛中，解说员评价某个运动员有个"大心脏"，指的就是这种处变不惊、积极向上的精神状态。实际上，看似不美的东西，往往也会蕴含美好的内质，只是你没有用心去发现它罢了。初三意味着要毕业，意味着要升学，意味着同学们、好朋友们将各奔东西，同时也意味着你将结识更多新同学、新朋友，意味着你学习将上新台阶，意味着你将更成熟、更强大，意味着你离美好梦想、美好前程更近一步，这样一想，心里就敞亮了，就坦然了，就会发觉初三生活也很美、很有意义，根本没有你想的那么糟糕。

第七章

困难面前，不低头

1. 遇到难题，别轻易放过

圆圆日记

今天玩了一上午，下午一点多开始写作业。妈妈来借用我的书桌上网查资料，我转到床上趴着继续写。做的是数学综合练习，有好几道题我想得脑袋瓜子疼，也没想到解题思路，只好暂时把它搁置一边。接下来我做"检测站"的时候，遇到了类似的题，这时我突然想明白了，只要画上辅助线，就很容易把题解开了。之前经常听同学说，解跟梯形有关的题，十有八九要画辅助线，我没有太往心里去。说实话，我不擅长画辅助线，有时候心里很明白，需要画辅助线才能解答，可就是不知道怎么画。开学后我要重点学习一下这方面的内容。

· · ·

爸爸的寄语

以前你经常听同学说，解跟梯形有关的题，十有八九要画辅助线。有时你在解答跟梯形相关的题时，心里明白需要画辅助线才能解答，可就是不知道怎么画。我觉得你之所以不知道怎么下手，主要是因为你练习得少，钻研得少，还没找到画辅助线的窍门，更别说熟练应用它了。跟图形有关的题，往往都很抽象，需要充分发挥你的抽象思维能力，不仅要在纸上画图，也要在脑子里画图；不仅眼里要有图，脑子里也要有图；不仅手里要有画笔，脑子里也要有画笔。而且，图形要活起来、动起来，随着画笔不停地变幻，直到勾勒出你需要的那张图来。把那条隐没很深的辅助线找出来，画成你所需要的完整图形，不费一番工夫，不反复尝试，是很难做到的。等你经过反复尝试、再三努力，终于把那条辅助线画出来，就会像突然找到钥匙打开明亮的窗户一样，感觉眼前特别敞亮，心里特别舒畅，特别有成就感。

你通过刻苦钻研，终于想出了梯形题解题方法。你攻克了一道难题，随即发现好多类似的题都能用差不多的方法来解答。这样说来，你攻克的其实不是一道难题，而是一片题、一类题，你之前费的脑筋、下的功夫，都没有白费。如果你在解答难题时，不肯费脑筋下功夫，浅尝辄止，轻易放弃，甚至抱有"一道题不会做，并不影响大局，考试不一定考到它"的侥幸心理，那么，以后你很可能恰好吃了它的大亏。前面遇到难题，不求甚解，轻易放过，后面的难题就会越来越多。就像树状的脉络，根上的脉络堵了，结成了疙瘩，与之相连通的树干和分支脉络也会堵，也会结成一个个疙瘩。没有领会透、掌握好的知识点，就像疙瘩一样堵塞你的思路，影响你对更深更广知识的学习。所以，在学习中一旦发现有这样的疙瘩，就当毫不留情地解开它、清除它，等小疙瘩缠绕成大疙瘩，再想解开它、清除它就难了。

中医讲一通百通，一堵百堵。毫不夸张地说，放过难题，就如同给自己"埋雷"，给自己"添堵"，说不定什么时候就会被其困住，陷于难堪境地。所以学习中遇到难题，千万不要不拿它当回事，也不要把它攒到一块求解，发现一个就解决一个，这样才不会形成疙瘩、留下死结，学习起来才会顺畅，才不会经常"卡壳"。自己实在解答不了的难题，可以及时向同学、老师求教，过后用心领会，直到把题搞懂弄通。平时碰到的难题、容易出错的题，及时记下来。仅记下来还不够，还需定期对它进行梳理，对相似的题、相似的解题方法进行归类。这样你以后再遇到类似的题时，就能马上想到该用哪种解题思路和方法。为了更好地解答难题，建议你记好"错题本"的同时，再准备一个"问题本"，随时把问题和疑惑记下来，得空就钻研一下，实在搞不通的及时向老师和同学请教，直到把想到、遇到的难题全都搞懂弄通。

说完解题，再说说其他问题。你说妈妈占用了你的书桌，你就趴床上做作业。这样不好。书桌暂时没法用，你可以暂停做作业，或到餐桌上继续做作业，不要懒得挪窝，随意将就。学习时要保持正确姿势，坐姿不正确，譬如歪头耷脑，身子坐不直，会有损视力，时间长了还有可能对脊柱造成损伤。另外，你这两天时间安排得也不是很合理，没有安排外出活动、锻炼身体的时间，而且一玩儿就是半天，花在玩耍上的时间似乎长了点。你说过身体健康很重要，以后要加强锻炼，怎么这么快就忘了？要问你没能坚持锻炼的原因，你可能会摆出一大堆困难，列举出一大堆理由，比如天气炎热，找不到陪练的小伙伴，等等。这些称不上困难，也算不上理由。白天天热，可趁一早一晚气温稍低的时候外出锻炼，没有小伙伴陪练，一个人也可以锻炼。锻炼身体是为了强健体魄，又不是仅仅为了和小伙伴一起玩耍。

坚持锻炼身体也跟解难题一样，困难并没有想象的那么多、那么大，只要你多用把劲，咬紧牙关再坚持一下，兴许很快就能跨过横在眼前的沟坎，越往下走越顺畅，越往下走越有劲头。这时你再回头看，就会发现那些所谓的困难和问题，并没有起先想的那么可怕，那么难以克服。不管是学习还是锻炼身体，遇到难题都不要轻易放过，你坚持拼力克服了一个难题，兴许就能开拓出更宽更平的一条路，和更大更美的一片天。而放过了一个难题，放过了一只拦路虎，就如同给自己留了一堵墙，说不定啥时就被它挡住去路。放过了一个难题，放过了一只拦路虎，可能还有更多更大的难题、更多更凶的拦路虎在等着你，可能还有更多更厚的墙在堵着你。攻克难题，如同拼力突围，多花费点时间和精力是十分值得的，一时攻克不了，可以调整下思路、换个方法再尝试，可以修整一下，积蓄一下力量再尝试。

2. 别让"窗户纸"挡住了视线

圆圆日记

今天上午我做了物理两个复习专题，内容恰好跟压强和浮力有关。初二上学期，我差点儿"卡死"在这两节内容上，我对压强和浮力的概念特性老是吃不透、拿不准，还好我及时补习了一下，总算把它搞通弄懂了。厘清思路、弄通概念后，就觉得压强和浮力这两节内容，其实也挺简单，并没有先前想象的那么难学和可怕。接下来的期中考试，我就沾了大光了，哈哈。现在，我对九年级物理也充满了兴趣哦。

爸爸的寄语

照你所说，压强和浮力这两节内容，曾是你物理学习中的两道坎儿。后来经过及时补习，把它搞懂弄通后，你就觉得它其实也挺简单，并不难学。这说明，有些困难就像挡在你眼前、模糊了你视线的一层薄薄的窗户纸，只要你找准方向，对准要害，就很容易把它捅开。换作以前，爸爸会这样分析你压强和浮力两节内容没学好的原因：一是课前没有好好预习，把不理解或吃不透的知识点，作为重点和难点记下来，在老师讲解它时着重听一下，用心领会一下；二是上课听讲不够认真，提问不够积极，没有把老师讲的知识点领会透，没有及时就相关问题向老师请教，如果上课时间紧来不及，你可以在课后向老师或同学请教。看了你今天写的日志，我感觉这样分析还不够深入，且有欠妥之处，那就是只算了"旧账"，却没有点明补救的具体措施。知错却不知如何改错，那知错又有何意义？如果你连之前学的压强、浮力基本概念都没弄清楚，之后上课再认真听讲，也很难领会老师后续所讲的内容，也很难跟上老师上课的节奏。因此及时补习一下，把之前没学透的概念搞明白弄清楚，就显得非常必要，否则就会越学越吃力，越学越糊涂，越学越摸不着头脑。

物理知识大都抽象难懂，且大多是从抽象难懂的基本概念延伸拓展或推理推导出来的。假若你连基本概念也没学明白、搞清楚，与之相关的很多知识也很难学明白、搞清楚。只要你把基本概念搞懂弄通了，好多与之相关的知识都能融会贯通。你能及时发觉物理学习中的问题症结所在并采取了必要的补习措施,这一点值得肯定和赞许。看问题、解决问题,要从根上入手,要从根上发力,这样才能从根本上发现和解决问题。碰到问题,就该这样从根上找原因,找到根源所在,才能有的放矢、行之有效地采取措施。解决学习难点的方法有多种,但有一种是最基础和最基本的,那就是学好课本基础知识,练好基本功。这一关未过之前,你可能会像被困在了黑屋子里一样,感到很无助、很压抑、很犯愁,不晓得出路在哪里,一看到和压强浮力有关的内容、题型就打怵。等你经过大胆尝试和不懈努力,终于找到出口,捅开那层薄薄的窗户纸后,情况立马有所好转。尝到甜头后,你会感到学习兴趣更浓了,底气更足了,信心更强了。有的同学却做不到这一点,明明窗户纸就贴在眼前,却不知道尝试着去捅开它。有的同学虽知道该往哪个方向努力,却不敢去尝试,把取胜机会白白丢掉。

你初二上学期,差点儿"卡死"在压强、浮力两节内容上,除了爸爸前面分析的原因,还可能存在这种情况:由于压强、浮力概念是初中物理非常抽象难懂的难点内容,你认真预习了,也认真听讲了,也及时补习了,也就相关问题请教老师和同学了，但还是没有彻底领会透、琢磨透两个概念。两个概念始终像蒙了一层面纱，你只能看到它模糊的样子，却看不清它的真实面容。你多次尝试也没有揭开那层薄薄的面纱，始终被它所困扰。这样过了一段时间，你回过头来从最基本的概念重新认识它、领会它，突然就开窍了，就想明白了，很轻松地就把那层面纱揭掉了。之所以过一段时间后，回过头来补习才见效果，是因为你经过一段时间的学习，经过一段时间的摸索，对它的真实面容已经了解得差不多，对它的认识已经由浅入深，就差揭开它的面纱这一步了。这说明，对于很容易"卡壳"的难点内容，你得下更大的功夫，做更多的准备，积蓄更多的力量，才有把握攻克它。不能像学习其他内容一样，预习一遍、补习一遍、请教一遍就罢手，如果该预习的预习了，该补习的补习了，该请教的请教了，还是没有彻底弄懂它，那就说明你功夫下得还不够，还得继续努力，还得继续补习和请教。功夫做不到，即便窗户纸贴在眼前，你可能也摸不到它，捅不开它。

综上所述，窗户纸有时很容易被揭开，有时也很难被揭开，首先你得看得准它，且有能力揭开它。挡在眼前的是不是窗户纸，只有试了、捅了才知道。别人眼里的小困难，有可能对你来说是大困难；别人眼里的窗户纸，有可能是你跟前的一堵墙。只有设法使自己变强大，才有能力去捅破它，才有底气、有胆识去藐视它。你能力强大了，墙会变成窗户纸，不堪一击；反之，窗户纸也会像墙一样挡住你的去路。有的家长经常这样教育鼓励孩子：别怕，困难都是纸老虎，都是窗户纸，没想象的那么可怕，你尽管大胆地往前冲就行了。他们教孩子藐视困难，本意是为了帮孩子树立信心，却没有让孩子明白和明确，只有自己强大了，才有资格藐视困难，才有能力战胜困难。如同打仗一样，战略上要藐视敌人，战术上要重视敌人。只藐视敌人，却不苦练内功和提高自己的战斗力，又怎么能最终战胜敌人呢？家长说话说半截，讲道理讲一半，讲不透也讲不全，这样很容易误导孩子。往往等孩子碰了壁受了挫，才猛然发现并非所有困难都像纸老虎和窗户纸，要战胜它，根本没有家长说的那么简单、那么容易。久而久之，孩子就会对家长产生怀疑和反感，认为家长"站着说话不腰疼"，说话做事不靠谱，一点也不值得信任。有的家长看孩子这样，还倍感委屈，动不动就埋怨孩子：我道理给你讲了无数遍，你咋老是死脑筋不开窍呢！爸妈有时也犯这毛病，对此我们会好好反省。

3. 成功路上，没有打折努力

圆圆日记

今天学习的课程内容都很难，化学是我学习中遇到的第一道坎——分子和原子，还好在老师的耐心讲解下，我很快就对分子、原子等几个名词不那么陌生了。再说物理学科，继电路图后，又一难点——欧姆定律摆在我面前，老师为了考查我们学得扎实不扎实，专门找了二十七道典型题让我们做，题由简到难，一开始我有点晕，但晕了一会儿就不晕了，思路变得越来越清晰，跟学电路图一样，开始觉得很难，提不起兴趣，打不起精神，但学着学着，情况就发生了变化，越学越有趣，越学越喜欢。

• • •

爸爸的寄语

学习有一个循序渐进的过程，化学对你来说是新学科，你以前从未接触过，但经过一段时间的学习后，你会发现，这是一门与我们日常生活密切相关的很实用的学科，它与其他学科，比如物理、生物等，有着千丝万缕的联系，要学会触类旁通、融会贯通。学化学，一定要重视对基础知识的学习，化学知识点多，需要记忆的东西多，要学透它，不费些力气、下番功夫是不行的。建议你多做笔记，把知识点有机地串联起来，通过反复复习强化记忆。至于物理学科，我觉得学好它的关键是把抽象的内容形象化，看到一个知识点，就在脑中勾勒出活动图景来。这样学，你会越学越有兴趣，越学越有劲头。你说今天做题时开始有点晕，但晕了一会儿就不晕了，思路变得越来越清晰，跟学电路图一样，开始觉得很难，提不起兴趣，打不起精神，但学着学着，情况就发生了变化，越学越有趣，越学越喜欢。学习由浅入深，想象的空间逐步扩展，跟挖矿一样，挖得越深，往往获得的宝贝就越多，探究事物奥秘的好奇心就会越来越强烈，兴趣就会越来越浓厚。

关于学习方法问题，我跟你谈了不少，但仍感觉意犹未尽。学习好的关键和诀窍是什么，不少同学有自己独特的感受和见解。我上学时老师教给我们的学习诀窍是"课前预习找难点，课上听讲抓重点，课后习题反复练"，在此提出来供你参考。我认为学习的关键是跟上老师讲课的节奏，而要跟上老师讲课的节奏，一要搞好预习，对老师要讲的内容提前有所了解，这样听老师讲新课时就不会太吃力；二要复习好已学内容，新课内容大都与旧课内容有所关联，或是已学内容的深化，只有把已学内容掌握好，打好基础，做好铺垫，才能学习好、掌握好新课内容。有的同学不可谓不聪明，上课不可谓不认真，听讲不可谓不用心，但就是听不好课，有时听老师讲课如听天书，晕头晕脑的，昏昏沉沉的，听了半天也不知道老师在讲什么，我想其中一个很重要的原因就是没有好好预习，或前面的课程学得不扎实，没有打好基础。有的同学明知预习、复习很重要，但就是懒得认真去做。唐宋八大家之首、文学家韩愈有句名言"书山有路勤为径，学海无涯苦作舟"，道出了勤快和刻苦对于读书做学问的重要性，此名言曾被无数学子当作刻苦学习的座右铭。

要攀登书山之巅、抵达学海彼岸，没有捷径可循，只能以勤为径，以苦为舟。而要克服懒惰、畏难、怕吃苦的心理，让自己变得勤快一点、勇敢一点，不是心血来潮地喊喊口号、表表决心就行的，得坚持不懈地去做，要有不怕艰难困苦、不怕失败挫折挑战、不达目的决不罢休的决心和勇气。有的同学有时很勤快，有时又很懒散，一旦遇上点困难、挫折、打击，就灰心丧气，就退缩不前，就产生厌学情绪，甚至来个"破罐子破摔"。其之所以这样，我想主要是因为没有精神支撑，缺乏学习的精神动力。何谓精神支撑、精神动力？就是心中有梦想、有目标、有追求。这种梦想目标应是远大的、高尚的，为大家所推崇所赞誉的，摆脱小家子气的，跳出个人小圈子的，不是为了考取功名光宗耀祖，而是如北宋思想家、教育家、理学创始人之一张载所说的"为天地立心，为生民立命，为往圣继绝学，为万世开太平"。美好的梦想、目标犹如明亮阳光，可穿透黑暗，可冲破迷雾，照亮你前行的路途；可点燃你的激情，激发你的斗志，指引你孜孜不倦地去求索。

在学习方面，你总体上表现还不错，学习目的明确，学习很积极、很努力，有韧劲，但有时也有点懒散，有时也会表露出怕苦畏难情绪，不同程度地存在前面所述的情况，从你写的一些日志中就能看出来。本领不是一蹴而就的，而是一步步练出来的；信心也不是生来就有的，而是在攻坚克难、获取成功的过程中，一点一点累积、一点一点强化出来的。饭需要一口一口地吃，台阶需要一级一级地爬，美好梦想、远大目标需要一步步地去实现，甚至需要耗费毕生精力和时间去追求，急躁不得，也马虎不得。既然远大目标一时难以实现，显得有些抽象和遥远，不妨把大目标由近及远、由浅入深地进行细化，先给自己设个近目标、小目标，定个当前可行的小计划，并要求自己努力去完成它。比如可以把学期目标分成多个月目标、周目标、日目标来一步步地完成。随着一个个近目标、小目标的实现，你会发现离大目标越来越近，原来遥不可及的大目标变得越来越清晰美好，甚至唾手可得，只需再稍稍努力，你就能攻克它、拥有它。你会因为之前努力没有白费、汗水没有白洒而深感欣慰和自豪，接下来攻克、完成更大更远的目标时，将更有底气、更有信心。

今天的寄语我写得有点多，但说的并不都是无用话，你好好琢磨琢磨，定会有所收获。有些生活、学习道理，看似很简单，但真正做到、做好并不容易。不少同学对爸妈或老师的再三叮嘱十分厌烦，心想，道理我都知道、明白了，你们咋还念叨个没完，烦不烦啊?!知道、明白道理是一回事，能不能做到并做好又是一回事。爸妈、老师给你讲的道理，你知道、明白了，但你做到了吗？做好了吗？也许正是因为你没做到、做好，爸妈和老师才一个劲儿地提醒你、叮嘱你。所以，对于爸妈和老师讲的道理，不能满足于知道、明白就完事，应该把它落到实处，应用到实践中去，把它化为真正对自己有用的东西。老师大都学识渊博、经验丰富，其传授的一些做人道理、学习方法，大都很切合实际，很实用。当你在生活中遇到困惑，在学习中遇到难题，感到毫无头绪、无从下手时，不妨多去请教一下老师，或多和身边的同学沟通交流。兴许老师、同学无意间的一句话，就能让你茅塞顿开、受益良多。

4. 跨过沟坎，方能通达远方

圆圆日记

今天没有计划好的课程要学，我反倒不习惯了，虽说学课程很辛苦，有时还会造成脑细胞成片地死亡，不过学习知识还是很开心的，偶尔想出了一道题的解答思路，就会兴奋得不得了，哈哈，人就像疯了一样。

既然新的一月开始了，这月也得有个目标，有个计划。我希望自己每天都能有计划地写点作业，有空的时候帮妈妈打扫一下家里的卫生，或看会儿课外书，或预习一下新课内容。晚上没事也别老闷在家里，多出去走一走，呼吸一下新鲜空气，看起来也很不错啊。不管怎样，我希望自己能开开心心地度过接下来的每一天、每一周。

爸爸的寄语

你这篇日志道出了计划的重要性。写日志，要记所想、所感、所悟。认真、用心写日志的过程，实际上是静心思考的过程，是思想沉淀的过程，是精神升华的过程，也是成长成熟的过程。可对当天所做、所经历的事情进行分析总结，找出存在的不足，明确改进的方向。学习有学习的乐趣，通过钻研思考，你会发现个中很多奥秘，从而感到自豪和快乐，因知识得到丰富、能力得到提升，而很有成就感。而玩耍呢，即使玩得非常投入，也难得有这种体验和感受。玩耍能让人心情放松，但有时也会让人感到空虚失落，感觉心里空落落的不充实。之所以如此，主要是因为玩耍多数时候都很随意，目的不是很明确，耗费很多精力，却不知道所求、所得的是什么。今天是八月份的第一天，俗话说"一年之计在于春，一日之计在于晨"，在年初就立个目标，订个计划，希望年内取得哪些进步，怎样才能争取到进步，明确了努力的方向和目标，接下来的行动就有了指南，就能尽量少走些弯路，前行的步子就会稳健得多。只有眼里有光、心里有底、脚下有力，只有目标明确、信念坚定、精准发力，方能让每一分努力、每一分进取、每一滴汗水，都不白白付出，都力争有所收获。同样，在月初就把整月该做的事、该完成的任务计划好，并按预定计划去努力，其间就会多些信心、多些底气、多些坚定，少些犹疑、少些迷惘、少些惶惑。

你说，今天没有计划好的课程要学，反倒感到很不习惯，虽说学课程很辛苦，有时还会造成脑细胞成片地死亡，不过学习知识还是很开心的，经过钻研终于想出了一道题的解答思路，就会兴奋得不得了。这恰恰说明了计划的重要性。有计划地学习，可以让你更容易接近目标，更容易获取成功，更容易感受到学习的乐趣。这种美妙的体验是非常丰厚、非常深切的，可增强你的信心，提振你的士气，鼓舞你的干劲，对你以后的学习乃至成长都非常有益。当然，这并不是说有了好的计划，有了猛的干劲和冲劲，目标和成功就可以轻松接近、获得。光有目标和计划还不行，还需做好迎接各种艰难困苦挑战的思想准备。一些目标、计划看似很美好，但真正实现起来并不容易，实现的过程中难免会遭遇沟坎儿，免不了要磕磕碰碰，这时就需要人保持冷静，坦然应对。艰难困苦如同生活中的风霜雪雨一样平常，说不定啥时就会出现在人面前，降临到人头上，是人必须要时刻面对和难以回避的。树木经过风霜雪雨的洗礼，会变得愈加苍劲挺拔、生机勃发。人也是一样。只有经过风霜雪雨的洗礼，只有经过艰难困苦的磨砺，才能得到锻炼成长，才能焕发生机活力，才能练就过硬本领，才能有勇气、有信心、有能力克服各种困苦取得骄人成绩。

有的同学开始时表现得不错，能够结合自己的实际情况，非常认真、非常用心地立目标，定计划，并以极高的热情投入实现目标和完成计划的过程当中。他们效仿古人"头悬梁、锥刺股"的求学之道，把目标和计划当作座右铭贴在案头、床头，以此不时提醒自己、警示自己勿忘宏图大志。但这种状态往往维持不了多久，渐渐地就松懈下来，变得颓靡疲沓，往日看起来十分显眼的座右铭成了熟视无睹的摆设。之所以陷入如此尴尬境地，主要是因为他们不能正确面对和应对深入学习过程中遇到的困难挫折，热情、勇气和信心逐渐被艰难困苦、失败挫折消磨殆尽。他们没想到艰难困苦会来得那么突然、那么频繁、那么可怕，没想到成绩也有大起大落的时候，没想到将成绩提高一分也变得那么艰难，没想到失败挫折真的会接二连三地降临到自己头上。他们把前途想象得太过美好，没有做好迎接艰难困苦、失败挫折挑战的思想准备，一旦遇到难题，碰到坎儿，就像突然撞见拦路虎一样慌乱无措，不是冷静地考虑怎样才能尽快克服困难、摆脱困境，而是一味地怨天尤人，抱怨自己运气不好，沉溺于灰心丧气的低落情绪中而不能自拔，并开始强烈怀疑自己当初所立目标、所定计划的正确性，最终导致以往憧憬的美好愿景轰然坍塌。没了愿景、期望和追求，人就像没了主心骨一样打不起精神来，提不起劲头来。可见，再美好的目标计划，如果不能克服重重困难坚持去实现它、完成它，也是毫无意义、没啥用处的。

5. 把缺憾化作进步的阶梯

圆圆日记

这是假期的最后一周。这周的星期天我们返校交作业。多么激动人心的时刻，同学们分别多日后又相逢，似乎都有着满腹的话想说。兴奋之余，也不免有点遗憾，因为快乐的假期即将结束，紧张的初三生活即将拉开帷幕。初三同学们既要面临毕业，又要迎战中考，学习难免紧张，白天要上课，晚上要写作业（听说有的同学天天晚上写作业到十一点），一刻也不闲着。也不知道到时我会不会也这样。

今天我做了张"历史小报"，内容是关于"二战"的。我搜集来不少关于"二战"的资料，从中挑选出一部分内容，把它展示在小报上。"二战"，也就是第二次世界大战，是以德意志第三帝国、日本帝国、意大利王国三个法西斯轴心国和匈牙利王国、罗马尼亚王国、保加利亚王国等仆从国为一方，以反法西斯同盟和全世界反法西斯力量为另一方进行的第二次全球规模的战争。中国为取得世界反法西斯战争的胜利作出了巨大贡献。这段历史我们要永远铭记。我们要好好学习，奋发图强，为实现中华民族伟大复兴的中国梦，为建设我们的地球美好家园，为维护世界和平而努力奋斗。

• • •

爸爸的寄语

你今天通过做"历史小报"获知不少"二战"知识，还从中受到启发，表示要铭记这段历史，好好学习，奋发图强，为实现中华民族伟大复兴的中国梦而努力奋斗。有的同学可能只把资料抄写在小报上就了事，并没有过多地去思考，甚至过后连自己抄写的是什么内容都记不清。这就失去了通过做小报学习和领会历史知识的意义。虽然你今天做历史小报很用心、很投入，但从日志字里行间可以看出，你的心思并没有全用在学习上，心里对接下来的初三生活充满了担忧。而且这种担忧一直困扰着你，一直像一团烟雾一样弥漫在你心头，正如你在日志开篇首段中所感叹的——开学同学久别重逢让人开心，但也不免有点遗憾，因为快乐假期即将结束，紧张的初三生活即将拉开帷幕……初三同学们既要面临毕业，又要迎战中考，学习难免紧张，白天要上课，晚上要写作业（听说有的同学天天晚上写作业到十一点）……

心里没底，才容易对接下来要做的事有所担忧，如果做好了充分的心理准备、行动准备，情况会好许多。假期还有一周就结束了，你不妨好好回顾和总结一下，想想自己假期里都做了哪些事，有过哪些收获，还有哪些缺憾，能不能抓紧最后一周时间好好弥补一下不足。想想开学前，还需要做好哪些准备。我觉得你这个假期过得还算充实，能按照自己定的计划按时完成作业。尤其值得肯定的是，你能耐下心来坚持自学数学、钻研难题。养成自主学习钻研的好习惯，不仅有利于假期学习，对于正式开学后的学习也是大有帮助的。收获之余，有点欠缺、有点遗憾也是难免的，这个假期你花在做作业上的时间并不少，但外出活动少，社会实践活动参加得少，家务活干得少。你不止一次说身体健康很重要，发誓一定要好好锻炼身体，却没有真正俯下身子去做，没有真正把许诺的落到实处。

缺憾是难免的，担忧是难免的，失败也是难免的，但多数情况下它们并不像你想象的那么可怕，只要你想法弥补缺憾，仔细做好防范，认真分析、吸取和总结经验教训，就能变不利为有利，变被动为主动。缺憾、适度的担忧和失败，是你追求进步的阶梯。正因有它们的不断磨砺，你才变得越来越成熟和坚强。这样一想，它们看起来就不那么狰狞可怕，反而有点可爱。你说很高兴见到分别多日的同学，又说快乐的假期临近尾声令人遗憾。你想表达的所谓"快乐"和"遗憾"到底是什么意思呢？是不是因为假期生活相对比较轻松自由，玩耍的时间比较多，所以你才感到快乐？是不是因为没有好好享受，或没有享受够这种"快乐生活"而感到遗憾？如果是这样，那你的遗憾就是狭隘的，不值得同情和称道的。如果是因为假期有大把时间充实提高自己、锻炼自己而感到快乐，如果是因为还没有把事做得更好、把功课学得更好，或因时间、能力所限没有达成预期目标而感到遗憾的话，则另当别论。只有找准哪些是"真正"的欠缺和遗憾，找准弥补和改正的方向，才能谋取到真正的进步。

你说初三既要面临毕业，又要迎战中考，学习难免紧张，字里行间无不透露出对初三学习生活的担忧。你之所以会有这种感受，我想有几个方面的原因：一是缺乏直面新环境、新挑战的勇气，怕自己不能适应新环境、无力应对新挑战；
二是底气不足，知道自己还有许多不足，跟尖子生相比还
有不小的差距，初三大家都在冲刺，怕被人越落越远；三是
不能正确地客观地评价自己，明明自己有很多优势和长处，
有能力把学习搞好，有实力争取更大的进步，却老是觉察
不到或视而不见，老是无端地把未知的困难夸大，老是怕
这怕那，顾虑重重。这些担心往往是多余的，担忧的情况
有可能发生，也有可能不发生，即使真的发生也没啥好怕的，
要相信自己，相信自己有能力克服困难、搞好学习，就算
跟别人相比还有很大差距，也是能够通过努力追赶上去的。
同时要注意，学习再紧张也要注意休息，休息好了，精神
头足了，你才能集中精力好好学习，并提高学习的效率。

第八章

生活处处皆学问

1. 好品行，从家中开始养成

圆圆日记

> 今天陪好朋友去银座超市买生活用品，我顺便帮家里买了点儿菜。超市里的菜好贵啊！
>
> 好朋友要上高中，要住宿，需要买的生活用品很多。本来以为我没啥可买的，去了超市才发现有好多东西需要买。平时家里的生活用品都由爸妈采购，我没插过手。不体验不知道，这活儿看起来挺容易，实际并不轻快。为了不花冤枉钱，你得尽量挑选性价比高的货，哪那么好挑啊！我挑着挑着就挑花了眼，不知道该如何下手了。
>
> 突然想到一句话：不当家不知柴米油盐贵。

爸爸的寄语

你说得对，不当家不知柴米油盐贵，不亲自去体验，很难真切领悟这句话的含义，也很难真切领悟劳动成果的来之不易。你是个心地善良、懂事听话的好孩子，爸妈为家计操劳忙碌的影子应该早在你幼小的心灵上留下印迹。咱们家不算富裕，妈妈没有正式工作，为了维持家计，偿还购房借款，她摆过地摊，卖过早点，没日没夜地操劳。爸爸忙完工作，还要帮妈妈忙生意，操持家务，给你辅导功课。爸妈为养育你、培养你花费了很多心血，为你甘愿奉献所有，你从小就该记着爸妈的好，时刻不忘感恩父母，孝顺父母。羔羊跪乳，乌鸦反哺，孝顺父母是一种传统美德，更是人应尽的责任和义务。从某种意义上说，这也是一个人慰藉心灵、令良心安宁的幸福体验。为了让你多些这样的体验，爸妈每次去看望你爷爷奶奶、姥爷姥姥，都会尽量把你带上。

你说买菜这活儿看似简单，实际并不轻松。你从中体会到了柴米油盐的重要，体会到了生活的不容易和当家、持家的不容易。随着家庭经济条件日渐好转，爸妈手头日渐宽裕，你在生活、学习上的花销需求，爸妈都会尽量满足。为了让你安心学习，爸妈很少让你插手家务活。但我发现爸妈处处为你着想，你却并不领情，反而渐渐养成了自私懒惰的习惯，心安理得地享受爸妈给予你的疼爱。本是一家人都应该干的家务活儿，爸妈把它大包大揽过来，时间久了，就会给你造成错觉，以为活儿都是爸妈的，跟你好像没有多大关系，爸妈干理所应当，你干也好，不干也好，都能说得过去。在家中养成这种坐享其成的不良习性，不能包容、体贴、善待家人，缺乏爱心和奉献精神，将来踏入社会，参加了工作，难免处处碰壁受挫，很难和他人好好地相处，因为没人会像爸妈一样老是宠着你、惯着你。

体贴孝顺父母，力所能及地帮爸妈干家务活，帮爸妈分忧解难，应是你从小就该养成的好品行、好习惯。你在这方面做得还不够好。你头脑中可能有这个意识，心里也一直存有这个念头，只是懒得去做，羞于去做，或想做却不知道从哪儿下手。用一个词语来形容和概括就是眼高手低。你很少主动干家务活，只有爸妈吩咐时，你才耐着性子、浮皮潦草地干一点。看你很不情愿的样子，好像被迫给包工头干活似的，好像干点活儿就吃了大亏似的。别忘了你也是家里的一分子，这也是你的分内之事。暑假期间，你有很多时间和机会，帮爸妈操持家务，比如打扫卫生、买菜、做饭等，暑假不想做，不愿做，懒得做，等开了学，学习紧张，想做也没有那个时间。

孝顺父母应是发自内心的自觉行为，须说到做到，不能仅停留在头脑中和口头上。记得你上小学的时候，老师曾带你们学习过一段时间的《弟子规》，那段时间你很勤快，不仅抢着洗锅刷碗，还主动帮爸妈洗脚，让爸妈很是感动。但是你这样做了没几天，就坚持不下去了，渐渐又恢复之前在家的懒散状态。做一件好事不难，难的是一辈子都在做好事。做好事需要长期坚持，学习知识需要长期坚持，孝顺、体贴、照顾父母，何尝不是如此？

2. 社会实践意义大，莫敷衍

📖 圆圆日记

今天下午我们小组开展社会实践活动。昨天我打了好多电话才把所有小组成员约齐。下午我提前赶到活动地点。等其他小组成员都到齐，活动开始。活动内容是大家根据热点话题，结合自己的实际体验展开讨论，最后由我把讨论结果填到表中。

几个小组成员好久没见，都很想念，实践活动结束后，我们又一起玩了很久。时间过得真快，过完这个假期，我们就要迈入初三的门槛。想到即将升入初三，几个人都感慨万千，中考结束后，我们就要各奔前程，也不知道还能不能在同一所高中相见。

• • •

😊 爸爸的寄语

你们这次社会实践活动的具体内容是什么，你说的热点话题又是什么，你在日志中没有点明。所谓社会实践活动，一般是指校外实习活动，也就是学生走出校门，深入社会中开展活动，在加深对课本知识理解、实践应用和拓展延伸学习的同时，提高实践操作能力和知识应用能力，达到学以致用、开阔眼界、增长见识、增强本领之目的。你们这次的活动却没有实质性的内容，只是几个组员凑到一块儿讨论一下就完事儿了。没有开展实质性的活动，没有深入社会生活中亲自体验，也没有去实地调查走访，这样如同闭门造车一样，很难获得第一手资料，很难依照事实来说话，只能凭借个人印象、经验和想象来表达看法，难免带有很强的主观性和片面性，所得结论也就欠客观、欠真实，甚至有胡编乱造的嫌疑。你们习惯了看老师指挥棒行动，需要你们发挥主观能动性的时候，便一时难以适应，找不着北了。这次老师给你们布置作业，可能没有提出详细要求、作出具体指导，你们缺乏指导，对活动目的、意义了解不够，这也是造成你们草率行动、糊弄公事走过场的原因之一。

从你今天写的日志中不难看出，你们的兴趣和注意力并不在活动上，花在玩耍上的时间，远比活动时间多。简简单单地搞完所谓的社会实践后，你们又一起玩了很久，聊了很多，想到初三毕业后，你们将各奔前程，相见机会变少，

个个心里充满了感慨、惋惜和不舍。初三还没上呢，考虑
这些是不是为时尚早？即便真的临近毕业季，也没必要这
样慌张。人生路漫漫，其间和同学朋友分别是难免的，也
是正常的，告别了老同学老朋友，又会迎来新同学新朋友，
无须为此劳心伤神。知道分别时会不舍，就应当好好珍惜
同学朋友之间结下的纯真友谊，好好珍惜和同学朋友一起
度过的美好时光。假期内几个同学好不容易聚到一起，多
谈点高兴的事，比如学习的乐趣、上初三后的打算、对美
好未来的憧憬等，把大家的热情和积极情绪调动起来，一
起向着更大更高的目标努力，岂不是更有乐趣、更有意义？
既然大家对毕业话题很感兴趣，还不如把这个大家都热切
关注的热点话题，与实践活动内容结合起来进行调研。不
妨把活动题目拟为"初三背景下开展某某社会实践活动的
意义"，等等。

因为活动缺少趣味，与你们的学习生活实际联系不多、
关系不大，缺乏应有的新鲜感和吸引力，你们才不愿花费
过多时间和心思来完成它。但这不是主要原因。主要原因
应该是你们怕麻烦，不想劳神费力。严格地说，你们这次
开展的不是社会实践活动，而是小组讨论会。这样的讨论

会在校内课堂上就可以举办，也可以通过"在线会议"方式进行。你们对活动的意义缺乏认识，对活动不够重视，开展得不够认真扎实，只把它当成硬性作业硬着头皮完成，却忽视了开展活动的真正目的，或明知怎样做才更好，却怕麻烦而故意从简。你是小组长，理应起个好的带头作用，不能怕麻烦，更不能有畏难情绪。初中这样的活动不多。既然小组成员难得凑到一起，就当好好珍惜机会，认真把活动办好。你可能会埋怨爸爸没有早点儿提醒你，总是对你放"马后炮"。爸爸这样做是为了放手让你锻炼。你现在已是大孩子，已经具有自主做事和自主解决问题的能力，凡事主要靠你自己拿主意，靠你自己想法解决问题。不要怕困难，遇到困难先自己试着克服，实在克服不了，再向爸妈或他人求教求助。

作为年龄只有十三四岁的初中生，你们的社会生活经验还很匮乏。你们整天忙于学习，很少有机会参加团体社会实践活动。碰到这样的机会，怎么能轻易就糊弄过去呢？社会实践益处多多。通过参与活动，可学习获取很多课堂上看不到学不到的鲜活常识，可培养团结向上的协作精神，感受集体力量、集体温暖，增强集体意识和集体荣誉感，这对于提高你们融入社会、适应社会、立足社会的能力本领，将大有帮助、大有好处。而且，从课堂上、课本上学到的知识，都是人们从社会实践活动中总结出来的，最终又将应用到社会实践中去，即"从实践中来，到实践中去"。我们学习知识，是为了用它指导我们的实践，改善我们的生活。只会学却不会用知识，那是大家常说的"书呆子"。人的好多本事不是在课堂上学来的，而是在用理论知识指导社会实践的过程中练就的。多花点时间加强社会实践锻炼非常值得，也非常重要。为达此目的，你们的活动完全可以开展得更丰富些，更有趣味些。可紧密联系你们的学习生活实际开展活动，比如去书店调研一下初中课外书的销售情况，去文具店了解一下哪些文具卖得最火，并试着分析一下背后的原因，从而得到相应的启示，等等。

你们还可以通过参加社会实践活动，增强安全防范意识，提高人际交往能力和规避风险的能力。关于安全问题，爸妈和老师没少叮嘱提醒你们，比如，非必要少外出，如外出一定要注意安全，尽量不要一个人打车外出，尽量不要在晚上或夜里外出，外出尽量乘坐公交车；同学聚会、小组活动等，尽量选择在白天进行；防人之心不可无，陌生人送的饮料或其他东西，千万不要随意喝、轻易接受，不要轻易答应陌生人的索求；在外就餐时，不要让食物、餐具等离开自己的视线；要远离水库、河流等危险场所，不到成人娱乐场所玩乐消费，等等。除此之外，还教给你们一些应对危险的方法，比如遇到不怀好意的人怎样机智应付、摆脱纠缠，怎样设法传递求救信息，情急之下如何故意毁坏他人东西引起路人注意而巧妙脱身，等等。爸妈和老师叮嘱提醒你们的话，教给你们的避险方法，你们能否真正记到心里，关键时候能否派上用场，并能根据实际情况灵活变通应用呢？这很难说。俗语说"是骡子是马，牵出去遛遛"才知道。你们不妨趁此机会，模拟演练和检验一下，看看大家在这方面还存在哪些欠缺，以后好加以改进。另外，你们还可以搞个聚餐，让每个同学亲自下厨做一道菜，体验一下劳动的乐趣快乐，感受一下做家务的辛苦。或者到敬老院献爱心等。这样的社会实践活动，比空泛的小组讨论会要有趣得多、有用得多，而且更富有现实意义。

3. 世界上怕就怕"认真"二字

圆圆日记

今天闲着没事干的时候，我拿起了这本假期日志，回过头去，从放假的第一天一直看到昨天，看完我心里充满了感慨。今天我想把以前写的日志好好总结一下。

我特意找出前几个假期写的日志来作比较，发现这次写的日志，总体来说比以往写的质量好了很多，页面也整洁了不少，连笔字也写得少了。我认为这次我对待它的态度好了很多，即便偶尔也会忍不住敷衍了事，但大部分日志我写得比较认真。有时回想当天发生的事，似乎有很多东西可写，但真要下笔写时却总是犹犹豫豫，不知道写啥好，以至于爸爸看完我写的日志，总认为我不够认真，是在敷衍了事。爸爸早对我说过如何解决"没的写"的问题，我一直没太在意，现在看爸爸说的话，还是很有道理的，对我写日志还是很有帮助的。现在醒悟还不晚，从今天开始我一定遵照爸爸的叮嘱，努力把日志写好，努力把学习搞好。

再来说说 my father（先给个大大的红"♥"）。经过客厅不经意一瞥，我经常看见爸爸独自坐在房间里，认真地给我的日志写评语。其实爸爸没必要这样认真，完全可以像其他多数家长一样，随便划拉几句就交差，他却从不这样，每次给我写评语都要长篇大论，写的评语比我写的正文内容还要多很多。爸爸平时总用电脑打字，很少用手写字，他手写的评语我看着很别扭，可他还是坚持用手写，他这样做无非就是想给我做个榜样和表率，希望我像他一样认真做好每一件事。起先我对他的"认真"并不十分理解，现在看完他写的评语，我彻底被他的"认真敬业"精神感动了。每每我在日志中提出一个问题，不由自主地抱怨一句，爸爸都会针对我提的问题，针对我遭遇的困惑，深入浅出地进行分析，帮我理清问题和困惑的来由，帮我找到解决问题和消除困惑的具体方法，他写的那些贴心的话语，几乎每一句都能给我启示。这些启示，不论是对现在的我，还是对将来的我，都会产生积极的影响。

写评语看似是不起眼的小事，实际却蕴含着伟大的父爱。爸爸对我的爱，让我时刻感到温暖。爸爸对我的关心和帮助，让我受益匪浅。谢谢爸爸！同时也谢谢为了这个家整日辛苦操劳的妈妈。我爱你们，送你们一个大大的"❤"。

· · ·

爸爸的寄语

你这篇"总结"写得很好。"世界上怕就怕'认真'二字"（毛泽东语），认真蕴含着真诚，蕴含着实事求是和不苟且的处世哲学。你以认真、真诚的态度对待世界，世界也会以认真、真诚的态度回报你。你以宽阔的胸怀拥抱世界，世界也会敞开宽阔的胸怀拥抱你。立身处世是这样，学习同样也是这样。世界上怕就怕"认真"二字，所谓的"世界"自然也包括学习。我们完全可以这样说：只要认真，就没有写不好的日志；只要认真，就没有掌握不了的知识；只要认真，就没有做不好的事情；只要认真，就一定能把学习搞好。以前你每次考完试，尤其是考完看似不太重要的单元测试，都会遗憾重重，甚或叫苦连天，说这道题我本来会做，平时做作业时已解答过多次，考试时偏偏做错了；说那道题我以前碰到过，也知道怎么解答，考试时却怎么也答不出来；说有道题我本来做对了，却把答案写错了；说有道题很简单，但我没怎么细看题意就匆忙下手，结果还是做错了。本不该有的小失误有了，本不该犯的小错误犯了，本不该丢的分丢了，这样的糟糕情况为啥会频频出现？究其原因就是粗心大意、不认真。考试时不认真，会做的题也会答错。平时学习不认真，考试就会犯迷糊。

谦虚使人进步，认真也能使人进步。正因为你今天写日志很认真、很用心，写出的日志才特别生动感人。你不但把之前写的日志和爸爸写的评语，仔仔细细重读了一遍，还把你以往写的假期日志找出来作比较，总结出你的写作水平明显有了提高，但还存在一些不足和需要改进的地方，并从中体会到爸爸的拳拳之心和期望你在磨砺中茁壮成长的良苦用心，以及爸爸对你的耐心教导可能对现在和将来的你产生的积极影响。你决心遵照爸爸的叮嘱和教导，努力做一个让爸妈放心的好孩子、好学生。这让爸爸感到很欣慰，爸爸的汗水没有白洒，爸爸通过文字给予你的耐心教导，终于取得了明显的成效。写假期日志无疑会提高你的写作能力和认知水平，通过阅读爸爸给你写的评语，可增进你与爸爸内心的交流。爸爸毕竟比你年长，社会经验多，人生阅历广，处事能力强，对于你学习、生活中遇到的问题和困惑，大都能冷静地进行分析，提出让你信服的见解，并帮你找到应对之法。这无论是对你的学习，还是对你良好品行的培养、综合素质的提高，都会产生或多或少、或大或小的积极影响。

用文字交流，不像闲谈那样随意。文字更多源于内心，往往更为走心，像人心灵深处情感火花的迸发。平时不便说、不想说的话，平时不便流露、表露的烦闷心情，都可以通过文字抒发出来、表达出来、宣泄出来。其中当然少不了自我反思和反省，通过反思和反省，使人的心灵慢慢得到慰藉，得到净化，得到升华，进而自觉地规范自己的言行，自觉地改进不足，使自己逐渐变得成熟和强大起来。当然，如果只想应付差事，每天的日志只写上一两句话就草草收尾，写日志不认真、不用心，便很难收到这种效果。有些人学习、做事不刻板，总显得比别人活跃、灵巧，多是因为他们学习做事认真、用心，勤于动脑，善于思考，并不满足于一知半解和已有认识，敢于做出更进一步的探索，其眼界也就相对较为开阔，收获也就相对较多。有些人虽很明白认真对做事成功的重要性，对学习知识和研究学问的重要性，却总是改不了粗心大意的毛病，因粗心大意导致失误，造成损失，痛心疾首地反思一下、总结一下，过后还是会犯老毛病，还是改不掉老毛病。

爸爸依稀记得你从上幼儿园开始，学习就很粗心，为此老师特意打电话跟爸妈谈过这事，因为这事爸妈不止一次提醒过你。直到现在，粗心大意仍是你的软肋。爸爸也一样，不止一次吃过粗心大意的亏，可学习工作生活中还是经常犯老毛病，有些事情本来能够妥善处理，却因为不细心、不上心，草率下手，把事情越搞越糟。有些工作本来能够做得更好，却因为不认真，或被私心杂念左右而消极对待，工作非但干不好反而经常出差错。为什么我们明知认真的重要性和不认真的危害性，却总也改不掉粗心大意的老毛病？因为我们思想上还不够重视，脑子里还没有绷紧认真这根弦，虽然深知不认真会导致难以预料的后果，却不能下定决心去改变自己。贪图安逸，安于现状，懒得改变，得过且过，不求上进，都是认真的敌人，都是困扰和制约我们进步的绊脚石。要想养成认真的好习惯，使自己变得越来越好，必须改掉粗心大意的老毛病，必须搬掉这些绊脚石。不妨把"认真"两字当作座右铭贴在案头，不时给自己敲敲警钟。爸妈不认真的时候，也请你大胆地指出来。咱们互相提醒、互相督促、互相帮助，一起拼力打败粗心大意这个"老顽固"！

4. 忽视小知识，会吃大苦头

圆圆日记

那天一家人去海水浴场玩得很开心，过后爸爸却遭了大罪。爸爸在浴场玩耍时没做好防晒措施，不小心被紫外线晒伤，人离开海水后，又没有用淡水把身子完全冲洗干净，导致他脸部肩部被严重晒伤。在浴场游水时，大部分时间，他身子大部分泡在海水里，只有肩头和头部露出水面，脸和肩膀被晒得"轰黑轰黑"的，当时没觉出异样，过后却感觉脸上和肩上火辣辣地疼。

爸爸上网查了查，说冷敷被晒伤部位，会减轻疼痛。我们一时找不来冰块，干脆把毛巾用冷水浸透蒙在爸爸肩上和脸上，给他疗伤。希望爸爸快快好起来，看他难受的样子，我心里也不好受。

冷敷后，爸爸感觉肩膀疼得轻了，脸上也不像之前那样疼了，肿得却格外厉害了，脸因肿胀而变形，皱巴巴的，像变了一个人一样。说实在话，我和我妈都觉得爸爸突然变丑了，他的脸肿得很难看，猛一看像只沙皮狗，嘻嘻，爸爸对不住了，我不想对你大不敬，但还是想跟你开个玩笑，别见怪啊。

妈妈说，明天老爸脸上再不见好转，就带他去医院就诊。啧啧，不就是出去玩了一趟嘛，爸爸付出的代价咋这么大呢？！

爸爸的寄语

"轰黑"是本地土话，规范的说法应该是"黝黑"。写日志尽量少用他人不容易理解的土话。汉语博大精深，每个字，每个词，都有其独特的用法，平时写东西要注意领会和把握，碰到拿不准的词语，可以查字典、词典。这次去海边浴场玩耍，爸爸不小心被紫外线晒伤，主要是因为我对天气情况、现场情况缺乏了解，经验不足，没有提前做好防晒的准备，没有采取有效的防晒措施。以后当吸取教训，再参加类似野外游乐活动时，一定把出行安全摆在首位，一定充分做好预防意外情况发生的准备，尽力做到防患于未然。实际上，我曾有过一次被晒伤的经历，那天天气同样很炎热，我光着膀子，骑着三轮车外出买西瓜，跑了很远的路，当时没感到有啥异样，过后才觉得肩膀和背部火辣辣地疼，一连疼了好多天，随后就见坏死的浅白色的皮屑一片片地脱落。这是很多年以前发生的事了。这次出行，我竟然忘了那次痛苦的经历，忘了吸取以前的教训，又一次被晒伤。有的人由于生活工作环境特殊，或出于特别需要，不得不经常暴露于炎炎烈日下，皮肤被晒伤情有可原。我这次晒伤本可以避免，却因为疏忽大意又一次饱尝痛苦，实属不该。

这次情况跟上次有所不同，上次我只有肩头和后背被晒伤。这次由于我人泡在海水里，长时间保持半仰头姿势，脸部被晒的时间比较长，所以脸才遭了殃，肿胀得厉害。这次我尝到的痛苦比上次强烈数倍，而且又有了新的痛苦体验。我照上网查来的方法，用冷敷给皮肤降温，但效果不是很明显。我的脸上、肩上和背上一直火辣辣地疼，别提有多难受了。这次外出游玩，一家人在户外待的时间差不多，只有我被严重晒伤，说明我体质较差，又缺乏锻炼，以后我应当在充分做好安全防护的前提下，尽可能多地参加户外活动，以增强体质和适应户外环境的能力。不仅我要这样做，你也要这样做。还好你们都无大碍，要不然我这个活动组织者，心里会更加难受和不安。你说得没错，这次外出游玩，我付出的代价很大，以后再外出游玩，一定要提前好好地合计合计，千万别再这么盲目出行了。这次外出游玩给我带来的伤痛，让我刻骨铭心。我被火辣辣的疼痛折磨得夜不能寐，门也不敢出，什么事都干不下去。还好现在休假在家，要是正常上班，我不知道能不能坚持下去。我会好好总结吸取这次教训。希望你"以我为戒"，以后不仅要防晒伤，也要尽力防范生活中的其他危险。

今天妈妈特意去咨询了一下医生，医生说我目前的情况并无大碍，再坚持几天就会好转。我通过上网查询资料了解到，现在的伤情，应该算是中度晒伤，若再严重一点，脸上会起水泡。皮肤经过长时间暴晒，角质层严重失水，最有效的治疗方法是通过冷敷给皮肤补水、降温，让兴奋过度的皮肤尽快"冷静"下来。这次意外晒伤，让我深切体会到了被严重晒伤的痛苦滋味，也学到了不少关于避免晒伤和治疗晒伤的常识。了解和懂得了这些常识，以后再碰到类似情况，就知道该怎么做了。炎热夏季，当你不得不去户外强光下工作、活动时，一定要做好防护，戴好遮阳帽，穿好防晒衣，尽量不要长时间让皮肤裸露于强光下，对容易暴露在强光下的部位，比如肩头、颈部、手、脸等，提前涂抹防晒霜。实际上，这也是生活中的物理小知识。夏天防紫外线，想必老师没少提醒你们。紫外线是频率比蓝紫光高的不可见光，它照射人体时，能促进人体合成维生素D。它还具有杀菌作用，但它过强时则会伤害人体，需注意防护。书本上的很多小知识都能在现实生活中得到大的应用，应该引起我们的重视，如果忽视了它，就有可能像我一样吃大苦头。

在我们的现实生活中，像被太阳紫外线晒伤这样的潜在危险还有不少，比如家用电器不规范充电、电瓶车不规范充电、使用家用电器不当、使用煤气不当等，都有可能触发危险，造成不可挽回的巨大损失。有些潜在的危险不太引人注意，不容易引人警觉，人往往与其遭遇才猛然警醒；危险带来的惨痛教训，人往往经历过了才刻骨铭心。而只要我们多加小心，认真做好防范，完全能够规避和远离这些危险。关于防范这些危险的知识，从踏入学校大门开始，老师就没少给我们讲，报纸、电台、电视、网络上这样的宣传也很多，生活经验丰富的长辈们也没少教导我们，为什么我们还是经常"犯糊涂"呢？这主要是我们的麻痹思想和侥幸心理在作怪，总以为危险不会那么巧降临到自己头上，警觉性不高，防范意识不强，有时即使深陷危险仍浑然不觉、无动于衷。有的人起初不可谓不小心，警觉性不可谓不高，但侥幸躲过了数次危险之后，就慢慢放松了警惕，变得麻痹大意起来，直到突然被危险砸中才幡然悔悟。有些危险隐藏得很深，不显山不露水，其所造成的后果也不明显，不容易被界定，这也是我们时常忽视它的原因。比如说学生长期不注意坐姿会导致近视，而不注意坐姿的危险性就常被同学们所忽视。有的同学直到戴上高度近视镜，也不相信是由于自己坐姿不正确导致的近视。你何尝不是这样，因为歪头耷脑写作业，爸妈没少提醒你，还特意买了帮你矫正坐姿的"背背佳"，可是你总是不在乎，戴了没几天就把它丢在一边。

忽视小知识，会吃大苦头。吃了大苦头，就应该返回头去好好反省，好好总结经验教训，并把经验教训牢记心间，脑中时刻绷紧安全弦；就应该深刻认识麻痹思想和侥幸心理对人的不利影响，努力克服它、战胜它；就应该充分利用所学知识，自觉规避和远离所有可能存在的危险。这是爸爸痛定思痛后，总结出的经验教训。希望你也牢记这句话，把它落到实处。

5. 没有细心观察，哪来精彩发现

圆圆日记

今天天气仍然很热，我和冷姐跑到银座京广书城里，这里既可以看书，还可以吹空调，不错啊。下午我待在家里，一口气写完了物理预习学案。学案头几页全是填空题，还好我提前学了一部分，前几章习题我都很轻松地做完了，只剩下最后两章我还没学，而且手头也没有课本，只好又去翻辅导资料，上百度搜索，总算把后两章题也做完了。欧耶！

• • •

爸爸的寄语

今天你写的日志有点空洞。写日志的好处是显而易见的，你不仅可以记叙每日所见所闻，还可以抒发所感所想，表达见解观点；不仅可以描述生活万象，还可以见证人生成长历程。认真写日志的过程，无疑会伴随思考的过程，经过深入思考后撰写的文字往往更为真切、生动、感人，在愉悦自己、启迪自己的同时，也会给他人带去阅读愉悦和有益启迪。通过认真撰写生活日志、学习日志，你可以锻炼写作能力，提高作文水平，促进思想成熟，增强学习能力。写日志跟写作文一样，要抓住重点，该详写的详写，该简写的简写，这样可以突出主题，使文字错落有致，简洁大方，条理清晰，给人以阅读美感和愉悦享受，让人在品读文字、享受文字美感的同时，还能有所启迪，有所收获。你今天写的日志却很简单，匆匆写上一两句话便草草收场，对事件的描述，像蜻蜓点水一样一点而过。抒发感想也是，发完一句感慨就没了下文。日志内容描述得太笼统，文字就很难打动人，很难给人留下深刻的印象，也很难给人以心灵上的震撼和启迪。如此干瘪乏味的日志，别说给别人看了，自己看着都别扭。兴许你早已觉察到这一点，也觉得自己写的日志太简单、没韵味，却没有尝试着去调整、去改进。

我跟你说过多次，只要耐下性子，静下心来，仔细观察一下，好好琢磨一下，其实每天都有很多可写的东西，完全能够把日志写得更生动有趣一些，自己看后或让别人看后，都能回味悠长，爱不释手。比如写天气的闷热，完全可以写得更生动一点，更形象一点，更难忘一点。可以写太阳光如何刺眼，可以写树叶被晒蔫的样子，可以写狗伸着舌头大口喘气的样子，可以写人们争相找地方纳凉的情形。以生动鲜活的生活场景来衬托说明天气的炎热，会给笔下的文字增添不少色彩。老舍先生在《骆驼祥子》中对天热作过精彩的描述：天热得发了狂，太阳刚一出来，地上已像下了火……街上的柳树，像病了似的，叶子挂着层灰土在枝上打着卷；枝条一动也懒得动的，无精打采地低垂着……马路上一个水点也没有，干巴巴的发着些白光……处处干燥，处处烫手，处处憋闷，整个老城像烧透的砖窑，使人喘不出气……狗趴在地上吐出红舌头，骡马的鼻孔张得特别大，柏油路化开，甚至于铺户门前的铜牌也好像要被晒化……他写的虽是小说，但描述的却是真实生活场景。写日志跟写小说一样，如果也能讲究一些写作技巧，那么你写出的文字会更有吸引力。

　　生动鲜活的写作素材，源于创作者对生活的细心观察。通过细心观察你会发现，生活中充满富有情趣、价值且俯拾皆是的东西，也可以说生活中并不缺少奇迹和美好，缺少的是发现奇迹和美好的慧眼。对于炎炎夏日，有的人之所以能像老舍那样描写得非常形象贴切，就在于其用心去观察了，用心去感受了，把别人容易忽视的细节活灵活现地展现了出来。不要说自己笨，只要你细心观察，也不难做到这一点。通过细心观察你会发现，炎炎夏日在街上奔走的行人有着特别明显的特点，那就是大都行色匆匆，个个流露出酷热难耐、无处躲藏、急于赶路、急于摆脱炎热的焦灼神色。而待在空调房里的人们却正好相反。即便天气这么炎热，仍有很多人在烈日下坚守岗位，拼力工作，为了他人能享受舒适美好生活而默默地做着贡献，做着牺牲。其中有警察，有环卫工人，有快递小哥，有道路抢修人员，有出租车司机，等等。他们用自己的辛勤劳动，用自己的默默奉献，创造并守护着那份和谐美好，那份安定祥和。没有他们的付出，我们安定舒适的生活就缺少保障。他们坚守岗位、勇于担当、甘于奉献的精神是不是很值得我们学习？炎炎夏日，你能待在书店空调房里一边看书一边享受清凉，是不是十分难得？是不是应该好好珍惜机会，好好利用这份难得的清凉时光，多看点书，多学点东西？是不是只有这样才会心安，才觉得踏实？

没有细心观察，哪来精彩发现？对生活来说是这样，对学习研究而言何尝不是如此。有的同学作文写不好，或没的可写，多是因为没有细心观察生活，没有通过细心观察生活获取鲜活的写作素材。有的同学课上不好，不能深入领会老师讲的内容，也多是因为没有细心观察，或不善于观察。人类认识世界最初使用的方法是观察法。先有观察，后有领会。观察是基础，为我们提供丰富的第一手资料信息。领会是升华，是对资料信息进行分析归纳总结，后升级为更高认识的过程。它不是空穴来风，而是建立在观察基础上的升华了的更高级的认识。对现在的你们来说，要想深入领会老师讲授的知识，首先要学会细心观察，细心观察老师课上说的每句话，讲的每个步骤，写的每个字，做的每个动作。同样，参加社会实践活动时，也需要细心观察；上实验课，尤其是上物理、生物实验课时，更需要细心观察。通过细心观察，你不仅可以深入领会已学知识，深入了解自然现象内在的运行规律，还能在此基础上发现新知识，探索新奥秘。我们所学的知识，都是前人在细心观察世界的基础上，深入探索世界万物而总结归纳出来的。我们学习知识的目的，就是把这个探索认识世界的过程继续深入进行下去，用丰富的最新的科学文化知识，武装我们的头脑，指导我们的社会生活实践，把我们的生活打造得更加美好。正因为细心观察如此重要，我们才不能小看它、忽略它。

6. 柴米油盐，也是学问的一部分

圆圆日记

　　昨天爸爸帮我从他同事那里借来几张8K白纸，今天上午我用半天时间做完"政治小报"。至此我已完成所有书写类的作业。假期接近尾声，做作业也接近尾声，等我把剩下的英语单词背诵完，把实践活动搞完，就可以给假期作业画上句号了。接下来的几天我相对轻松，得花点时间和心思好好搞一下实践活动，假期马上结束，没法再拖了。

　　下午我和同学去买开学后要用的学习用品。我之前买过一些，这次只买了几支笔和一些笔记本。我们先坐公交车，随后步行，拐过多个路口，终于来到中学街。我和同学在文具店里挑选了很久，终于把所需东西买齐。她花了将近一百元。我只花了二十五元，但加上之前这方面的花销，也有上百元。掐指一算，把学习用品费、辅导费、午餐费、交通费等加一块儿，也是一笔不小的开支。我现在花的都是爸妈挣的钱，爸妈挣钱不容易，得省着点花，但是有些钱不得不花。

• • • •

爸爸的寄语

"政治小报"做的是什么内容，做完小报后你有哪些体会和感想，你在日志中没有提及。如果你用心做了，我想应该会有不少感想，不妨在日志里抒发一下。抒发感想伴随着思考，无疑也是在学习，而且是更深入的学习。其实做这样的小报也是很有讲究的。老师让你们做它的目的，就是想强化一下你们的政治学习意识，希望你们以点带面地回顾、温习以往所学，不要以为政治不是主科就不重要，就可以抛之脑后不加理会，假期抽出一定时间在复习它的同时，联系生活实际拓展一下学习内容，开阔一下自己的眼界，也是很有必要的。你可以简明扼要地把最近发生的重要新闻抄录到小报上，也可以以结构图方式，把以往所学知识点串联起来，作一下全面的回顾，并对你认为的重点、难点作一下标记。这样做小报，比生搬硬抄资料的效果会好很多。跟其他学科一样，政治也有着很强的现实针对性，也有着很强的现实应用意义，与我们的生活日常密切相关，需要你密切联系生活实际来深入学习领会。

你说假期临近尾声，手头需要做的作业所剩无几，按时完成作业任务不成问题。你能自觉地拟定可行性计划，自觉地给自己安排任务并要求自己按时完成，这一点值得肯定和赞许。但是正如我先前提醒你的，不能仅仅满足于按时完成作业，还需注重所完成作业的质量。不妨把假期所做的作业归拢一下，翻看一下，检查一下，品评一下，看哪些作业完成得好，哪些作业完成得还不够好。想想以后怎样做才更好。注重做作业的过程，并善于查摆问题，及时做出修正，这样才能把作业做扎实，才能取得预期的效果。今天你过得还算充实，不仅做完了暑期政治作业，还和同学去买了学习用品，为开学做好准备。你深有感触地说爸妈挣钱不容易，得省着点花。你是个懂事听话的好孩子，能体察爸妈的辛苦，也能为家计着想，很好。希望你秉持勤俭节约的好习惯，根据实际需要购买学习用品，并爱惜它，用好它，让它发挥最大效用。切忌乱买学习用品和辅导材料，以免造成浪费。

柴米油盐，关乎百姓生计问题，关乎民生问题，也是我们需要关注的政治内容，也是学问很重要的一部分。我们不仅要认真读书，也要关心政治；不仅要学习领会课本上的政治内容，也要结合生活日常学习领会现实生活中的政治常识。正如明末顾宪成题于无锡东林书院的对联所言：风声雨声读书声声声入耳，家事国事天下事事事关心。旧时代文人崇尚的"两耳不闻窗外事，一心只读圣贤书"，显然是行不通的。一个不食人间烟火的人，即使满腹学问，又有何用？你由买学习用品想到爸妈挣钱不容易，应该省着点花，不能随便浪费。有的同学就想不到这一点，更做不到这一点。由体谅疼爱爸妈，到孝顺、感恩父母，再到感恩善待他人和社会，这是学生品德修养、综合能力培养的一项重要内容，也是促进学生成长进步的重要精神动力。有的同学只会闷头学习，不大注重这方面的修养，只看重学习习惯、学习能力的培养，不重视生活好习惯、生活能力的养成。这样的同学人格是有缺陷的，有可能是爸妈引以为豪的爱学习的乖孩子，但不一定是懂生活、会生活，各方面都出色的好学生。

孩子学习好，不一定啥都好；孩子学习能力强，不一定生活能力也强。只有德智体美劳全面发展，才能真正称得上好孩子、好学生。好习惯，好品行，不是仅从书本上、课堂上，就能学来、就能养成的，而是需要在日常生活中不断打磨淬砺，逐步练成的。孩子有充裕的时间学习，也有充裕的时间干其他事，既可以把学习搞好，也可以把其他事做好。让孩子花点时间，用点心思，帮家里干点活，比如买菜、做饭、洗碗、整理卫生等，不仅可以培养孩子独立生活的能力，还可以培养孩子的爱心，增强孩子的责任心和担当意识，养成勤俭节约爱劳动和珍惜劳动成果的好习惯，其好处是显而易见的。有不少家长却只看重孩子的学习成绩，不重视对孩子综合素质的培养，为了让孩子专心读书，为了不让孩子分心，把本该由孩子自己做的好多事都大包大揽下来，比如帮孩子背书包，帮孩子整理作业，帮孩子列学习计划，所有家务活都不让孩子插手，等等。孩子培养提升综合素质和综合能力的机会都被剥夺掉，最终成为只会学习、连衣服扣子都不会扣的书呆子，也就不足为奇。

家人对学习的过分看重，对成绩的过分偏爱，对家庭学习氛围的过度渲染，也会给孩子造成错觉：学习是家里的头等大事，家人都应该无条件地支持我，都应该时刻围着我转。孩子在找到学习"优越感"的同时，内心也会增添一份压力和负担：大家对我的期望这么大，万一我学不好该怎么办，到时会不会丢大脸、遭埋怨?!在家人非理性的疼爱宠惯下，孩子变得十分自私霸道，同时又十分脆弱。估计有些"学霸家长"对此也深有体会，而且不乏这样的担忧：孩子现在连基本的生活起居都不会打理，连锅碗瓢盆都不会用、不愿洗，连袜子都不会穿、不会洗，而爸妈不能照顾孩子一辈子，将来孩子成家立业了，需要自食其力，需要自己照顾自己的时候，该怎么办? 最要命的是孩子不会做饭，将来一日三餐该怎么吃，不能天天点外卖吧? 孩子只晓得索取，不晓得付出，眼里只有自己，心里只想着自己，从不或很少顾念他人，到时能和同事、朋友、家人好好相处吗? ……家长既然已预见到那么多不好情况会发生，就该提早做打算，提早去改变。

今天爸爸絮叨了这么多，无非就是想告诉你：学习不能跟生活脱节，家事国事天下事都需要关心，柴米油盐也是学问中的一部分，也需要你认真学习和掌握;综合素质和综合能力的培养提升很重要，不能只顾学习而忽视它。你能体察到爸妈挣钱不容易，想到花钱不能大手大脚，说明你是个懂事听话、知道关心疼爱他人的好孩子。不过，需要提醒你的是，好习惯、好品行不是一朝一夕就能养成的，综合素质和综合能力的培养提升，也不是轻易就能达成的，需要从身边小事做起，从生活点滴做起，像打铁一样不断锤炼自己。你虽有这方面的觉悟和意识，但锻炼得还不多，锤炼得还不够，力所能及的家务活、家务事，干得还不够多、不够好，生活自理能力也有待提高，以后还需加强这方面的锻炼。

7. 一份生活经验，多少辛勤换得

圆圆日记

　　本以为进入八月中旬，气温会慢慢降下来，没想到还是这么热。今天白天我窝在家里玩电脑、做作业，等天黑凉快了溜出去玩。人民广场周五晚上和周六晚上有喷泉，我们几个比较要好的小学同学恰好都住在广场周边，自打小学毕业后，我们就达成了默契，每年暑假都会相约到广场上玩。一是去纳凉，二是去交流谈心，说说小学离别后的见闻和感想。尽管我们不再是同一个学校的同学，但我们的友谊长在。

爸爸的寄语

　　天气炎热，要注意防暑。白天气温高，不宜外出活动，尽量选择晚上气温降下来的时候，外出纳凉。晚上广场通风好，比室内凉爽，空气比室内清新，还有赏心悦目的喷泉供人嬉戏、降温。去这样的场所纳凉，不失为乐事、美事。

你和几个比较要好的小学同学，相约去广场纳凉，交流谈心，说说小学离别后的见闻和感想，在分享见闻、重温友谊、抒发感想的同时，互相鼓励，一起憧憬筹划未来，这样的聚会活动充满情趣，也很有意义。你们现在已经是大孩子，能自主参加一些户外活动而不再需要家长看护，但也不能忽视了安全二字。安全无小事，应该时刻在脑中绷紧安全这根弦，把老师和爸妈教你的安全知识牢记心间，自觉远离危险场所。这样你们才能玩得舒心，才能让爸妈放心。

生活处处皆学问，其实现在的炎热天气也是大有说道的，你细细探究一下，也是能增长不少见识的。像今天这样的炎热天气还要持续一段日子。今年八月七日立秋，一般在立秋过后，从北方来的冷空气会把暖湿气流向南推，暖湿气流强烈反弹，稍稍退后几步又重新控制北方，继续维持半月左右的炎热天气。这就是人们常说的"秋老虎"的由来。关于"秋老虎"，民间流传着许多谚语。比如"立秋过后，还有（秋）老虎在一头""立秋反比大暑热，中午前后似烤火""立秋不立秋，还有一个月的好热头"，等等。爸爸曾写过一篇题为《品读"秋老虎"》的文章，发表在2009年8月22日的《农民日报》上，咱们不妨一块儿品读一下。

　　身居北方小城，虽然立秋时令已过，但天气仍异常闷热，一位下乡来的朋友说这是"秋老虎"在发余威。不知道"秋老虎"一词由谁先创，但其来自民间应该确信无疑。秋老虎是我国民间指立秋（8月8日左右）以后短期回热天气。一般发生在8、9月之交，持续日数在7~15天。这种天气出现的原因是南退后的副热带高压再度控制江淮及附近地区，形成连日晴朗、日照强烈，重新出现暑热天气，人们感到炎热难受，故称"秋老虎"。酷暑的消退总是那样迟缓，初秋仍有很长一段时间延续高温天气。用"秋老虎"这个词形容初秋闷热的天气非常形象，我小时候就常听母亲提起。那时，当我们好不容易等到夏天的结束，盼望秋高气爽的秋天快快给我们带来凉意，母亲就会提醒我们，说"秋老虎"仍像酷暑一样可怕。起初我们还半信半疑，后来的体验很快便验证了母亲那句话的准确性。秋天的太阳像老虎的眼睛，似乎比夏天时候更为毒辣。

　　从此，我们对母亲的这种"谚语"深信不疑，那是她多年积累的生活经验，我们没有理由怀疑。那时，由于我们居住生活的小山村还非常贫穷和落后，人们对信息的获知就是通过村头的那个播音大喇叭，于是乡亲们便都学会了揣摩时令和天气，我的父母亲也不例外。跟母亲一块儿到坡上去干农活，当天上飘满阴云，母亲能通过观看云彩确定是否下雨及雨水的大小，早在暴雨来临前，母亲就会提醒或督促我们及时躲避。父亲也是如此，冬去春来，他都能通过看日头来揣摩出钟点。就是这样，我们的勤劳朴实的前辈们在辛勤的日复一日的劳作中积累了非常丰富的经验，啥时松土，啥时播种，都把握得恰到好处。他们没有多少文化，但朴实无华的言语常蕴含着很深的哲理，也创造出了像"秋老虎"这样的生动词语。当发达的科学技术和先进文化尚未惠及那些贫穷落后的地方时，纯朴善良的劳动人民就是这样通过从劳动中积累的丰富经验来适应自然，改造自然，把日子过得一天比一天红火，也为后人积淀了很多鲜活宝贵的民间文化……

这篇短文发表已有十多年，现在我重读它仍感慨颇多，不知道你读了有没有这种感受。许多美好的东西，会像陈年美酒一样历久弥香。劳动人民勤劳、聪慧、善良、朴实、坚韧的优秀品质，如同穿云破雾的耀眼阳光，并不会随着时空的变迁而黯淡。我们可敬可爱的先辈们，用他们的勤劳和聪慧，开创了千秋伟业，创造了优秀文化。我们完全可以这样说，没有他们的拓荒和牺牲，就没有我们现在美好的幸福生活。他们在艰苦劳动中积累的丰富的生活经验，是一笔笔宝贵的精神财富，值得我们好好珍惜，好好传承。贫穷和落后曾一度困扰着他们，但再恶劣的环境，再差的生活条件，都吓不倒他们，都难不倒他们，经过一代代人艰苦卓绝的奋斗，终于摆脱贫困走向富裕，阔步走上从站起来到富起来、从富起来到强起来的伟大复兴之路。他们在艰难困苦中追求美好、向往光明的那份执着和坚韧，他们饱经沧桑历经磨难仍不服输、埋头向前的精神，尤其值得我们好好学习、好好继承和发扬下去。

爸爸小时候生活在穷山沟，深知前辈人生活的艰苦，深知他们创业的艰难，也深知他们获取那些宝贵生活经验的历程，是多么漫长和不易。一份生活经验，往往需要他们抛洒很多汗水，经历很多次折磨，凝聚无数人的心血和智慧，才能换得。那时咱们家里连台电风扇也没有，炎炎夏日一家人驱暑纳凉的方式就是用蒲扇扇风，一边要忍受酷暑的煎熬，一边还要遭受蚊虫的叮咬。但即使天再热，大家也要头顶烈日在田里挥汗如雨地劳作，心里抱定一个目标：让自己和子孙过上更好的日子。前辈们经过无数次的艰难摸索，经过毕生甚至数代人的艰苦努力，终于摸清许多自然规律，学会了应对天气变化，学会了及时把握农时，并充分发挥自己的聪明才智，创造出了像"红旗渠""郭亮村挂壁公路"等众多人间奇迹。前辈们艰苦卓绝的奋斗历程，与我们学习掌握科学文化知识，追求和创造美好生活的过程是一样的。我们在学习、生活、工作中，在人生历程中，难免会遭遇各种艰难困苦，也需要大力发扬不怕苦累和艰苦奋斗的精神，无论遭遇多大的艰难困苦和苦难折磨，都不应轻易放弃，都不应轻易退缩，都应该挺直腰杆，向着美好目标坚定地走下去。